Le dernier témoin d'Oradour-sur-Glane

Mélissa Boufigi
ROBERT HÉBRAS • AGATHE HÉBRAS
avec la collaboration de Grégoire Mabille

Le dernier témoin d'Oradour-sur-Glane

Harper Collins

HARPERCOLLINS FRANCE
83-85, boulevard Vincent-Auriol, 75646 PARIS CEDEX 13
Tél. : 01 42 16 63 63

www.harpercollins.fr

ISBN 979-1-0339-0950-7

Prologue

Village martyr d'Oradour-sur-Glane, juin 2006

Situé au nord-ouest de Limoges, le village martyr d'Oradour-sur-Glane est resté inchangé depuis sa destruction par les soldats de la Waffen SS, le 10 juin 1944. Ses vestiges, ainsi figés dans le temps, témoignent à jamais de l'atroce massacre de civils qui y fut perpétré voilà plus de soixante ans. Chaque année, quelque 300 000 visiteurs se rendent en ce lieu de mémoire.

Ce jour-là, Robert Hébras, 81 ans, se tient debout au milieu des ruines. Il est l'un des rares à avoir survécu au carnage. Comme il le fait régulièrement depuis des années, Robert vient s'exprimer devant un groupe scolaire. Le retraité ne compte plus les kilomètres avalés sur les routes vallonnées du Limousin, entre Saint-Junien, où il vit, et Oradour, où il a réchappé de l'enfer. Qu'importe. Tant que sa santé le lui permettra, il se fera un devoir de raconter son histoire.

Mais aujourd'hui, l'occasion est particulière. Robert témoigne pour la classe de sa petite-fille Agathe, âgée de 13 ans. Elle a déjà vu son grand-père accompagner des préfets, des ministres et jusqu'au président de la République en visite officielle. Pourtant, cet après-midi de juin, alors que le soleil tape sur les décombres moussus du village martyr, l'adolescente est plus fière que jamais de son grand-père qui prend la parole devant ses camarades.

En rangs serrés, les élèves descendent la rue principale, observent les maisons éventrées et les vestiges d'une existence interrompue. Ici une vieille machine à coudre Singer à même le sol, là une carcasse d'automobile dévorée par la rouille. Ils suivent Robert du regard lorsqu'il indique l'emplacement de son école, sourient quand il raconte quelques anecdotes polissonnes de son enfance. Ils arrivent devant l'ancienne gare, une petite bâtisse grise évidée, dépourvue de toit. Sur son fronton, on pouvait jadis lire le nom d'Oradour-sur-Glane inscrit sur des carreaux de porcelaine de Limoges. Aujourd'hui, seuls quelques-uns de ces carreaux subsistent, et le hasard a voulu que cinq lettres soient encore visibles. Cinq lettres qui, lues les unes à la suite des autres, forment désormais un mot qui en ce lieu résonne étrangement : ORAGE.

À quelques centaines de mètres de là, Robert s'arrête devant les décombres de la grange Laudy, le lieu d'exécution où il fut mené le 10 juin 1944. Le visage grave, il évoque ce moment de violence et de fureur dont il a miraculeusement réchappé. Il n'y met aucune emphase, mais la sincérité glaçante de celui qui revit la scène chaque fois qu'il la raconte imprègne son témoignage. Dans cet enchevêtrement de ruines, le récit prend corps dans l'esprit des adolescents. Les soldats de la Waffen SS qui arment leurs mitrailleuses, les cris, le sang, le feu, et la mort qui bientôt s'empare de toute chose. Et cet homme qui leur parle aujourd'hui, qui alors n'était pas tellement plus vieux qu'eux, cet adolescent qui lutte pour sa survie et voit ses amis tomber à ses côtés. Chaque mot employé par Robert Hébras vient les heurter de plein fouet. La sidération se lit sur leurs visages. Pour la première fois, l'Histoire n'est plus figée sur le papier glacé de leur manuel scolaire, elle prend vie et les saisit.

Robert a coutume de dire que, quand bien même il n'y aurait qu'une personne au sein de son auditoire à retenir son récit, son effort serait justifié. Ce jour-là, il sent bien que cette modeste espérance est largement dépassée. Les collégiens n'oublieront jamais. À commencer par Agathe, sa petite-fille.

Première partie

Un village fauché

1

Saint-Barbant, avril 1925

Sur le quai de la petite gare de Saint-Barbant, Jean et Marie Hébras, accompagnés de leurs deux fillettes, Odette et Georgette, attendent le tramway avec quelque appréhension. À 31 ans, Marie est de nouveau enceinte et, pour la première fois, elle emprunte le réseau ferré départemental afin de se rendre 45 kilomètres plus au sud, à Oradour-sur-Glane. Dans le wagon, assis à ses côtés, son mari regarde défiler le paysage vallonné, récemment hérissé de poteaux électriques, ceux-là même dont il aura la responsabilité à quelques stations d'ici. Cet électricien de 44 ans vient d'être muté à Oradour afin d'y diriger l'équipe d'entretien du tramway qui relie ce petit bourg commerçant de Haute-Vienne aux villes de Limoges, Saint-Junien et Bussière-Poitevine.

Rien ne prédestinait pourtant ce fils de métayer à prendre un autre chemin que celui de son père. Né en février 1881 à Luchapt, un village agricole de 1 000 âmes situé aux confins de la Vienne, son avenir semblait tout tracé : dans la famille Hébras, on est paysan de père en fils, au moins depuis le XVIIe siècle. Jean est le dernier-né d'une fratrie de trois enfants. Une fois jeune homme, il deviendra donc tout naturellement métayer à son tour. Il va de ferme en ferme avant de s'établir, à l'âge de 30 ans, dans une exploitation de Saint-Barbant. Il y travaille pour le compte de Jean et Marie-Louise Mérigout, un couple de cultivateurs parents de onze enfants.

C'est là qu'il rencontre Marie, 18 ans. Cette discrète jeune femme est la deuxième enfant du couple Mérigout, et la première fille de la fratrie. En plus de son travail aux champs lui revient la responsabilité de ses nombreux cadets. Elle les nourrit, les lave, les berce… Comme de coutume à l'époque, l'adolescente fait face à de lourdes obligations avant l'heure. D'autant plus qu'en 1913 son père meurt, accidentellement écrasé par sa charrette et ses bœufs. Marie-Louise continuera à faire tourner l'exploitation avec l'aide de ses enfants.

Ce tragique événement illustre bien la difficile existence que l'on menait jadis dans les fermes. Alors que la mécanisation de l'agriculture est encore loin d'être généralisée, les femmes et les hommes se doivent d'être durs à la tâche. Ils travaillent au rythme des saisons, subissent les rudes hivers dont le quart sud-ouest de la France n'est pas avare, ainsi que les canicules estivales. Le logis est sommaire et la paye n'est pas bien lourde. Mais la vie n'en est pas pour autant dépourvue d'aspects agréables, non plus que de belles surprises.

À la ferme, Marie est souvent appelée à travailler avec Jean. Elle découvre un homme attentionné et, petit à petit, une complicité se noue entre eux. De la complicité à l'affection, il n'y a qu'un pas et, malgré leur différence d'âge, des sentiments se font jour. Mais l'idylle, à peine entamée, sera aussitôt interrompue par le destin. La Grande Guerre éclate. Jean a 33 ans. Il a fait ses classes en 1901 et fait partie de la réserve. Dès 1915, il est mobilisé et part rejoindre ses compatriotes pour l'expédition de

Salonique. Que peut-il bien se passer dans la tête d'un homme qui, n'ayant jamais quitté sa campagne, est envoyé se battre en Grèce, à quelque 2 500 kilomètres de chez lui, aux portes de l'Orient ? En plus de ce profond dépaysement et de la violence des combats, Jean devra affronter un ennemi d'une tout autre nature. Il contracte la fièvre typhoïde, qui fait alors des ravages parmi les troupes. Durant les seuls quatorze premiers mois du conflit, 150 000 soldats français seront infectés et 15 000 en mourront avant qu'une vaste campagne de vaccination n'enraye ce fléau. Durement touché, au point d'en perdre toutes ses dents, Jean parviendra pourtant à s'en relever. Affaibli, il n'est plus en état de combattre et apprend un métier au sein de l'armée, celui d'électricien.

Rapatrié sanitaire en 1918, Jean retrouve enfin Marie après une insupportable absence. Trois années à douter, à craindre, à espérer, à prier pour la survie et le retour de l'être aimé. Et si ce n'est fatalement pas le même homme qui lui revient, transformé à jamais comme tous ceux qui ont été au front, c'est tout de même celui qu'elle aime. Il s'agit désormais de rattraper le temps perdu.

En 1919, le couple accueille un premier enfant. C'est une fille, que l'on prénommera Odette. Dès l'année suivante, Jean et Marie se marient à l'église. En 1922, ils établissent leur propre foyer, toujours dans la commune de Saint-Barbant où Marie met au monde leur seconde fille, Georgette. Jean a renoncé à l'épuisant travail de la terre et s'est fait embaucher comme monteur électricien. Depuis 1911, un réseau de tramway électrique unique en France relie Limoges à plusieurs villes du Limousin. Plus de 300 km de voies ferrées sillonnent la campagne afin de desservir de nombreux petits bourgs. Avec 77 gares ou arrêts, on se déplace en Haute-Vienne comme nulle part ailleurs sur le territoire. Un tel réseau nécessite un entretien fréquent et de constantes modernisations. Le travail ne manque donc pas, et moins encore pour un électricien. C'est ce qui mène la famille Hébras à Oradour-sur-Glane dès 1925.

Ce village, situé à une vingtaine de kilomètres au nord-ouest de Limoges, compte alors plus de 1 500 habitants. Des dizaines de commerces jalonnent les rues de ce bourg moderne et vivant dont les rues sont éclairées à l'électricité. Aux beaux jours, sur la place de l'église, imposante bâtisse en granit du Limousin édifiée aux XIIe et XVe siècles, les villageois se réunissent. Sur des bancs ou assis aux terrasses des cafés, ils jouent aux cartes, discutent jusqu'à la nuit tombée. Les notables locaux font entretenir leurs automobiles dans les garages de la rue principale, avant d'aller causer affaires chez les négociants de tissus ou de vins du village. Sur la place centrale, un marché et des foires, réputées à travers toute la Haute-Vienne – la toute première s'est tenue le 1er mai 1564 –, sont organisés chaque mois. Le dimanche, les habitants des villes viennent par le tramway pique-niquer et pêcher sur les bords de la Glane, petite rivière qui serpente en contrebas d'Oradour. Des hameaux par dizaines constellent la campagne autour du bourg. Ils sont ravitaillés par l'épicier et le boulanger dont les autos sont parmi les seules à emprunter les petites routes bordées de haies épaisses.

Oradour peut aussi se targuer de proposer deux hôtels, accueillants et confortables, aux représentants de commerce de passage. Certains d'entre eux viennent au village pour y vendre des machines à coudre Singer. La proximité avec Saint-Junien et ses ganteries des bords de Vienne amène souvent les villageoises à arrondir leurs fins de mois en cousant des gants de peau. Aux beaux jours, il n'est pas rare que ce méticuleux ouvrage se fasse à l'extérieur. Les petites mains se réunissent, robe noire, tablier et barbichet immaculé sur la tête. Assises sur des chaises paillées posées sur la terre battue des trottoirs, les couturières discutent joyeusement, concentrées sur leurs travaux. C'est cela, Oradour, en cet entre-deux-guerres. Une bourgade où il fait bon vivre, accueillante et animée, un petit monde en soi qui n'a rien à envier à la ville.

Peu de temps après son installation, la famille Hébras ne tarde pas à s'agrandir. Le 29 juin 1925, par une belle journée estivale, Marie accouche de son troisième enfant. Cette fois, c'est un garçon qui vient au monde. On le prénomme Robert. L'appartement constitué de deux pièces, où logent les Hébras depuis leur arrivée, se fait tout à coup bien étroit. Jean et Marie décident donc de déménager et installent leur petit monde dans une modeste maison à étage. Cet ancien commerce, dont la façade a conservé la large devanture vitrée, est situé rue Émile-Désourteaux, la rue principale, en plein cœur du bourg. La ligne de tram Limoges Saint-Junien, qui traverse Oradour de part en part, descend le long de cette même rue trois fois par jour.

Robert grandit là, regardant, depuis le pas de sa porte, aller et venir les motrices en bois qui charrient leurs flots de passagers. Contrairement à ses parents, l'enfant n'a jamais connu la vie sans l'électricité ni sans tram au pied de sa maison. Pourtant, ce ballet familier ne laisse pas de le fasciner. Il observe les voyageurs qui, profitant de l'arrêt du tram, font un saut chez le cardeur pour en ressortir aussitôt, chargés de quelques pelotes de laine. Il y a encore, tout à côté, le chai du négociant en vins Denis et la boutique du coiffeur Valentin. Ce dernier a également la charge d'une institution régalienne : la bascule publique. À la Toussaint, quand les baux des métayers prennent fin, Robert les voit défiler pour faire peser les bêtes de leur cheptel. Il s'agit de les rendre au propriétaire de la ferme où ils travaillaient, dotées du même poids qu'à leur arrivée. Une fois les comptes soldés, les métayers reprennent la route en direction d'une nouvelle exploitation. Ils sont juchés sur des charrettes, le plus souvent tirées par des vaches, lourdement chargées de bagages et de mobilier. Chacun emporte avec lui ses maigres possessions. À l'occasion de ce pittoresque défilé, Robert ne manque jamais de demander à son père de lui narrer ses propres souvenirs de jeunesse, lorsque, lui aussi, vagabondait de ferme en ferme.

En sa qualité de chef électricien, Jean et sa famille peuvent emprunter le tram gratuitement. Si bien que les visites à Saint-Barbant, où la famille de Marie demeure toujours, sont fréquentes. Très jeune, Robert découvre le berceau de ses ancêtres, cette campagne verdoyante et vallonnée qu'il regarde défiler depuis la fenêtre du tram. Chaque séjour chez sa grand-mère maternelle, seule de ses aïeuls encore en vie, est une source d'étonnement. La vieille dame, qui parle un patois différent du sien, lui prépare immanquablement un festin digne d'un roi – alors qu'elle ne dispose pas même d'une cuisinière à bois. Aussi, et cela captive Robert, elle cuisine directement dans l'âtre de sa cheminée, remuant les braises pour rôtir un poulet qui, déjà, fait saliver son petit-fils.

Du haut de ses 8 ans, certains dimanches, Robert assiste avec curiosité aux repas de famille. De grandes tablées réunissent alors une vingtaine d'oncles et de cousins plus ou moins éloignés. Le banquet, bien arrosé, se finit parfois par une empoignade entre les aînés. Il s'agit généralement de déterminer lequel d'entre eux a le plus ou le mieux combattu durant la Grande Guerre.

Ces algarades impressionnent fort Robert qui, petit garçon timide et chétif, a hérité de sa mère une grande sensibilité. Un jour que son institutrice manque une marche et chute de l'estrade, il éclate en sanglots. La scène a lieu à l'école des garçons d'Oradour, sise derrière la mairie, à quelques mètres de chez les Hébras. Chaque matin, Robert est réveillé par le vacarme du marchand de vin d'en face. De bonne heure, ce dernier lave ses fûts à l'eau chaude et en racle l'intérieur à l'aide d'une lourde chaîne. En fait de réveille-matin, on a rarement connu plus efficace ! Une fois levé, débarbouillé et habillé, Robert avale son petit déjeuner en tendant l'oreille. Dès qu'il entend la cloche de l'école sonner, il traverse la rue en courant pour rejoindre ses camarades. Mais bientôt cette agréable routine va être chamboulée. En février 1935, Robert qui, depuis près de dix ans, était le cadet de la famille, devient le grand frère d'une petite Denise. Même si ce nouveau statut et les changements qui vont avec ne l'enthousiasment guère, il fera contre mauvaise fortune bon cœur dès qu'il apercevra le visage de sa petite sœur.

Chaque dimanche matin, la famille Hébras se rend à l'église afin d'y suivre la messe. Robert est enfant de chœur, tandis que ses sœurs chantent dans la chorale. Il fait sa communion puis sa confirmation comme tous les enfants du village. Si son père ne semble pas croyant, ses sœurs et sa mère le sont à n'en pas douter. Marie n'aurait d'ailleurs jamais accepté que ses enfants ne soient pas baptisés ni ne suivent le parcours traditionnel des sacrements de l'Église. Alors Robert se conforme aux vœux de sa mère et s'applique à croire lui aussi. Tous les soirs de mai, à ses côtés, il prie la Sainte Vierge durant une heure. Bien sûr, celui qui ne fait pas montre d'une ferveur particulière trouve le temps long. À vrai dire, il tarde à Robert de rejoindre ses copains qui jouent au-dehors.

Tous les enfants du bourg se connaissent. Robert s'est constitué une bande de fidèles camarades. Il y a Paul Doutre, le fils du menuisier, Aimé Darthout, André Désourteaux, l'arrière-petit-fils de l'ancien maire du bourg dont la rue principale porte le nom, Martial Brissaud, et enfin son meilleur ami, Henri Bouchoule. Henri est le fils du boulanger de la rue principale et le bon élève du groupe. Ensemble, ils font les quatre cents coups et adorent taquiner le coiffeur Valentin, qui arrondit ses fins de mois en vendant quelques légumes de sa production. Dans son jardin, Robert va chaparder des fraises ou du raisin, selon la saison. « Je vais le dire à ton père ! » menace Valentin, rouge de colère, en lui soulevant le pied pour comparer les semelles de Robert avec les empreintes laissées sur les lieux du méfait. Bonhomme, le maraîcher ne met jamais sa menace à exécution et il demeure une des cibles récurrentes aussi bien que favorites des chapardeurs. À la nuit tombée, en pouffant de rire et à l'aide de canifs, les copains de la bande vont graver « Valentin est un con » sur ses citrouilles à peine mûres. Il ne reste alors plus qu'à attendre avec délice qu'elles grossissent et que leur injurieuse épigramme devienne parfaitement lisible. Sûr qu'elles ne manqueront pas d'allure sur l'étal du marchand…

Le bourg est un immense terrain de jeux pour Robert et sa bande. Le dernier week-end d'août, du samedi soir au lundi soir, Oradour accueille traditionnellement une fête foraine sur sa place centrale. Robert l'attend chaque année, bouillant d'impatience. Il adore assister aux courses en sac qui soulèvent la poussière des rues et où un villageois finit toujours par se casser la figure, sans oublier le spectacle des courses à la grenouille. Afin d'y participer, les concurrents empruntent aux villageoises leurs brouettes de lavandière, plates et sans rebords, pour y mettre une grenouille qui s'échappe régulièrement le long du chemin. L'enfant admire aussi les plus hardis des villageois qui, faisant démonstration de force et d'agilité, grimpent au mât de cocagne afin d'y décrocher la timbale – souvent quelques jambons et saucissons suspendus. Il jalouse les enfants des commerçants locaux qui peuvent faire des tours illimités de manège. Lui doit tanner sa mère afin de lui soutirer quelques pièces pour faire un tour de carrousel ou de pousse-pousse, ce manège aux sièges suspendus par des chaînes où l'on s'amuse à attraper celui devant soi pour le balancer plus loin encore – son attraction préférée.

Les hivers sont souvent froids à Oradour. Il n'est pas rare que l'eau gèle dans la pompe et que Robert parte à l'école sans se débarbouiller. Quand les rigoles des prés débordent d'eau, de grandes mares de glace se dessinent et forment des patinoires idéales. Sur le bord du trottoir, Robert frotte et frotte les semelles de ses grosses galoches à lacets afin d'en lisser les clous rivés par le forgeron du village. Des heures durant, entouré de ses copains, il prend son élan, glisse le plus loin possible, tombe, rit, et recommence jusqu'à avoir si froid qu'il lui faille rentrer. Il se réchauffe alors auprès du poêle à bois devant lequel sa mère l'installe avec un bon bol de soupe bien chaude.

Son père, quant à lui, a toujours quelque chose à faire. Robert le croise souvent dans les rues d'Oradour, perché sur des échasses, en train de réparer les isolateurs électriques fixés au sommet des poteaux du tram. Quand il ne travaille pas, il est occupé à cultiver un lopin de terre qu'un paysan lui prête en échange d'un coup de main pour faire les foins. À la maison, Jean coupe du bois ou s'occupe du petit potager adjacent. Toujours affairé, il ne prend guère le temps de souffler et se contente de quelques rares plaisirs, comme guetter avec impatience la saison des fraises qu'il adore déguster au vin rouge le soir venu. Si tant est qu'il en reste quelques-unes sur leurs pieds… car Robert aime à passer avant son père afin de les manger au jardin, encore un peu terreuses.

Ses grandes sœurs ne sont guère plus disponibles que son père. Odette la réservée et Georgette l'extravertie font du théâtre au sein de l'Avenir musical du bourg. Les filles participent à des soirées de gala où elles chantent et se donnent la réplique dans des pièces de boulevard. Dans la chambre qu'elles partagent à l'étage, elles répètent encore et encore, porte close.

Robert est en revanche très proche de sa mère et très attaché à elle. Il sait qu'à ses yeux, il occupe une place à part. Sans doute parce que c'est son seul garçon. Marie le couve et le protège des chamailleries de ses sœurs. Elle ne le gronde pas, même lorsqu'il fait disparaître de précieux carrés de chocolat de l'armoire où elle cache les quelques denrées rares qu'elle achète. Robert aime l'observer et tente de déchiffrer cette femme discrète qui parle si peu. Il remarque sa gêne, dans les commerces du bourg, de ne pas maîtriser le patois local. Dans son regard d'enfant, cette mère a des airs d'héroïne inébranlable, toujours là pour lui, toujours prête à le réconforter. Mais Marie est une femme à la santé fragile. Le médecin a décelé chez elle une pathologie cardiaque qui la fatigue beaucoup. Cela ne l'empêche pas de se préoccuper des siens avant tout. Le soir venu, elle ne mange qu'une fois qu'elle a servi tout le monde, debout, dos à la cuisinière, comme elle le faisait avec ses frères et sœurs à la ferme.

Quand les enfants sont enfin couchés, Marie se met à coudre des gants. L'hiver devant le poêle, l'été dans le jardin, chaque fois que Robert cherche sa mère, elle est penchée sur son ouvrage. Avec le temps, Marie s'est peu à peu intégrée à la vie du village, en dépit de sa timidité. Tous les quinze jours, en poussant sa brouette, elle va laver le linge dans les pêcheries du chemin de la Vie, des bassins profonds dans lesquels il faut descendre prudemment par un petit escalier. À la belle saison, elle préfère aller jusqu'au bord de la Glane. Le paysage y est bucolique et le courant de la rivière offre au linge plus de douceur. Elle y retrouve les autres femmes du bourg, fait connaissance et apprend le patois.

En dehors des dimanches où elle s'autorise une touche de couleur, Marie est toujours vêtue avec austérité. Robe, blouse et gants noirs composent son uniforme quotidien. Comme si elle portait constamment le deuil. Ce qui, en cette époque d'après-guerre, n'est pas loin d'être vrai. En contemplant le visage empreint de tristesse de sa mère, Robert mesure l'étendue de sa peine. Celle, peut-être, d'avoir été déracinée de sa campagne natale. Celle, sans doute, d'apprendre la disparition des siens par un télégramme, sans avoir pu leur dire adieu. Marie est ainsi, aimante et mélancolique, et Robert grandira sans jamais voir sa mère sourire.

*

Village martyr d'Oradour-sur-Glane, mars 2021

Du bout de sa canne, le vieil homme pointe ce qui, jadis, fut son lit. Ce n'est plus aujourd'hui qu'une carcasse métallique rouillée, gisant à même le sol. Il signale quelques morceaux de faïence encore fixés au mur, vestiges d'une petite cuisine, et désigne, à mi-hauteur, des enfoncements dans le mur de briques, qui laissent deviner la poutraison d'un étage disparu. Le temps d'une séance photo, sur le revêtement bosselé de la rue principale d'Oradour-sur-Glane, Robert, 95 ans, tient sa petite-fille par le bras. Agathe a désormais 27 ans. Pour penser à autre chose face à l'objectif, tous deux se replongent dans les souvenirs de celui qu'on nomme aujourd'hui le dernier témoin d'Oradour-sur-Glane. Qu'importent les années qui passent, le nonagénaire n'a rien oublié. Il déambule dans les ruines depuis plus d'une heure maintenant. Dans sa doudoune noire fermée jusqu'au col, la casquette vissée sur le crâne pour se protéger du vent de mars, il décrit à Agathe le village tel qu'il était au temps de son enfance, multipliant les anecdotes. Malgré l'âge, son œil est resté rieur, malicieux, comme celui du garnement espiègle qu'il fut. Sa petite-fille lui réclame à nouveau l'histoire des citrouilles gravées. Elle a beau l'avoir déjà entendue des centaines de fois, elle ne s'en lasse jamais.

Derrière eux, un petit attroupement de visiteurs s'est formé, légèrement à distance. Ils n'osent pas s'immiscer dans la scène qui se joue alors, et dont un heureux hasard a voulu qu'ils soient témoins. Ils ne rateront rien des émouvants échanges entre ce vieil homme, rescapé de l'enfer, et sa lumineuse petite-fille. « On se demandait justement s'il restait des survivants… », souffle une jeune femme. Robert est en train de préciser l'agencement de la maisonnette familiale, dont il ne reste plus que quelques pans de mur. À ses côtés, Agathe écoute attentivement chaque détail de l'histoire. Elle s'est promis d'en devenir la gardienne.

— Je ne savais pas que votre maison s'arrêtait ici. L'autre fenêtre, ce n'était donc pas chez vous ? demande-t-elle, en indiquant un encadrement de briques toujours debout au sein des ruines instables.

— Non, non ! À côté, c'était une autre maison, répond Robert. Le couloir que tu vois au fond desservait les deux. Au bout, mon père allait au garage avec sa brouette, pour y remiser le bois. Et derrière, on avait un petit jardin avec quelques clapiers à lapins… Il faut imaginer qu'on habitait dans quelque chose de pas très grand, souligne-t-il en haussant les épaules.

De l'index, il désigne les contours évanescents de ce qui fut la plus grande pièce du rez-de-chaussée. Le sol, dallé de pierres granitiques, est désormais envahi par la mousse et le lichen. Dans ce décor digne de Pompéi, la vie est aujourd'hui bien difficile à imaginer. Robert réexplique, égrène des noms, afin de donner corps aux scènes de son enfance, comme pour raviver une image que le temps, inexorablement, érode.

— Ici, c'était la salle à manger, et à l'étage, les deux chambres.

— Une pour les parents et l'autre pour les enfants ? l'interroge Agathe.

— Non. Quand Georgette est devenue une jeune fille, elle a voulu une chambre à elle. Donc, moi, je dormais avec mon père, et Denise avec ma mère. On avait deux lits dans l'autre chambre.

— Ah oui ! On peut parler de promiscuité…, fait remarquer Agathe de sa voix grave.

— Bah oui, on n'était pas riches.

— Et vous alliez au grenier ?

— Oui, on allait au grenier. On y remisait des objets dont nous n'avions plus l'usage...

Le vieil homme guide Agathe dans chaque recoin de son enfance, même ceux qui paraissent les plus insignifiants. La jeune femme l'écoute avec attention, le relance sans cesse, l'amenant à plonger toujours plus avant dans ses souvenirs, suscitant de nombreuses réminiscences.

Malgré la foule, face à la maison dans laquelle Robert a grandi, Agathe et lui sont seuls au monde. Un grand-père et sa petite-fille, qui partagent un pan de la grande Histoire et, en même temps, un pan de leur propre histoire familiale.

2

Au début de l'été 1939, Robert fête ses 14 ans. Dans la foulée, et avec l'étonnement de celui qui viendrait de gagner à la loterie, il décroche son certificat d'études. Si Robert n'est pas un élève brillant, il est tout de même un sujet appliqué. Il aime par-dessus tout les *Fables* de La Fontaine, qu'il apprend par cœur et s'ingénie à réciter le mieux possible. Il y met le ton, en insistant sur la ponctuation et les liaisons. Son sérieux aura donc fini par payer. Mais, ce qui lui fait encore plus plaisir que le diplôme, c'est la récompense qui va avec. Cette année-là, il s'agit d'un voyage à Arcachon. En compagnie de trois de ses condisciples, également diplômés, et de son instituteur, M. Rousseau, il part pour la gare de Limoges. Inauguré une décennie plus tôt, ce fastueux et imposant édifice a de quoi faire tourner la tête à un jeune campagnard. Mais cette première impression n'est encore rien, comparée à celle qui saisit Robert lorsqu'il prend place à bord du train. Dans chaque wagon, des haut-parleurs diffusent de la musique. Il en est stupéfait. L'adolescent n'est pourtant pas au bout de ses surprises. Arrivé à destination, il découvre la belle ville d'Arcachon, ses différents quartiers, la « ville d'été » et ses incroyables maisons à balcon, en lisière du bassin ; la « ville d'hiver » et ses somptueuses villas qui se dressent au sein de vastes parcs arborés. Et puis enfin, pour la première fois de sa vie, Robert découvre l'océan. Sur la plage du Pilat, du sommet de la gigantesque dune, il contemple l'immensité des flots qui s'offre à lui. En ce lieu démesuré, il est saisi d'une étrange griserie. Ce voyage suscite en lui ses premières envies d'horizons lointains.

Mais ce sont également les dernières vacances scolaires de Robert. À 14 ans, il est au seuil de sa vie d'adulte et il en est parfaitement conscient. C'en est bientôt fini des culottes courtes. Sa mère lui a d'ailleurs acheté son premier pantalon, qu'il étrenne fièrement auprès de ses copains. À la rentrée, il devra entamer un apprentissage, choisir une voie qui déterminera le reste de son existence. Robert renâcle à abandonner l'insouciance de son enfance. Il faut dire que l'avenir n'a rien de réjouissant. Tout au long de l'été, les rumeurs d'un nouveau conflit avec l'Allemagne ont enflé. On ne parle bientôt plus que de ça au village. Signe funeste s'il en est, la tant attendue fête foraine du dernier dimanche d'août est annulée. Après que l'Allemagne a envahi la Pologne, le conflit devient inévitable. Le 3 septembre 1939, la déclaration de guerre est affichée dans les rues d'Oradour. Robert assiste à la mobilisation de quelques hommes du bourg. La scène est de celles, poignantes, que l'on n'oublie pas. En uniforme militaire, leur musette en bandoulière, ils attendent le tram qui les mènera Dieu sait où. Leurs femmes les étreignent, leurs enfants les embrassent en pleurant. Vingt ans après la fin de la Première Guerre mondiale qui a endeuillé toutes les familles du village, on ne sait que trop ce qu'implique un nouveau conflit.

Le ressentiment envers ceux qu'on appelle toujours « les Boches » est fort. Mais l'on se serait bien passé d'un nouvel affrontement. Robert ne cesse de repenser aux souvenirs du front, relatés par son père, aux douloureux récits de ses oncles, tous anciens combattants. Et le moins que l'on puisse dire, c'est qu'il est peu enclin à suivre le même chemin qu'eux.

Au village, on évoque l'idée d'envoyer des ballons de foot aux soldats pour qu'ils puissent se divertir, comme on l'avait fait durant la Grande Guerre. L'on croyait alors que ce serait « la der des ders », et l'on était parti confiant, la fleur au fusil. La désillusion avait été violente et rien de semblable ne se produit cette fois-ci. D'autant plus que la défaite survient très vite.

Le 22 juin 1940, la France signe l'armistice. Le 10 juillet, l'Assemblée nationale investit des pleins pouvoirs constituants le maréchal Pétain. Dès le lendemain, ce vieillard de 84 ans, auréolé du statut de héros de 14-18, s'octroie le titre de chef de l'État français. Son gouvernement s'établit à Vichy : c'est le début de l'Occupation et de la collaboration avec l'Allemagne nazie. La France est divisée en deux zones par une ligne de démarcation. Tout le nord du territoire, ainsi que la totalité de la côte atlantique, est occupé par les Allemands, tandis qu'au sud s'étend la zone libre. Dans le Limousin, demeuré sous autorité française, ils sont peu nombreux à entendre l'appel du 18 juin, lancé par le général de Gaulle depuis Londres. Il exhorte ses compatriotes à entrer dans la clandestinité pour continuer le combat contre l'Allemagne. D'actifs réseaux de résistants se forment toutefois à bas bruit dans les campagnes limousines à la suite des messages suivants qui, eux, seront écoutés.

Robert ne comprend pas vraiment ce que la défaite française implique. Il faut dire qu'au village, quand bien même la guerre est sur toutes les lèvres, les préoccupations quotidiennes suivent leur cours. On entreprend des travaux, on modernise des maisons. On discute encore de l'avenir du grand chêne de la liberté, planté en 1848, sur la place de la halle. L'été, il dispense son bienfaisant ombrage aux joueurs de cartes. On se sert également de son tronc comme d'un tableau d'affichage public. Mais il ne devrait pas fêter ses 100 ans. On a prévu de l'abattre, afin d'élargir la route et de rendre le virage moins dangereux pour les automobiles qui se font, chaque jour, un peu plus nombreuses dans le paysage.

Les premiers temps, même si certaines denrées, comme le beurre, se font plus rares et que le pain vire au gris au fil des mois, il n'y a pas de véritables pénuries au village. Mais les effets de la défaite ne vont pas tarder à se matérialiser, même en cette province jusqu'alors préservée. On voit bientôt arriver à Oradour nombre de réfugiés venus de divers horizons. Déjà en 1938, fuyant les troupes franquistes, des républicains espagnols avaient traversé les Pyrénées et s'étaient établis dans la région, où le travail ne manquait pas. Mais les nouveaux arrivants sont désormais des Français, des Alsaciens tout d'abord, puis des Mosellans. Dans des bagages trop lourds et ficelés à la hâte, ils amènent avec eux quelques fragments de leur vie passée – le peu qu'ils ont pu sauver après avoir été expulsés de leur terre, annexée par les nazis. On réquisitionne alors les deux hôtels du village, pour les y loger sommairement. Une école est même ouverte en bas du bourg afin d'y accueillir les enfants de Charly, un petit village situé près de Metz, duquel les réfugiés affluent en masse. Des gamins des villes arrivent également d'un peu partout en France. Ils sont envoyés par leurs parents chez des cousins, une tante ou une grand-mère, dans l'espoir que cet exil campagnard les préserve des privations auxquelles sont exposées les grandes agglomérations. Bien vite, Robert se familiarise avec ces nouvelles têtes.

À quelques mètres de chez lui, c'est une famille entière qui emménage : les époux Pinède et leurs trois enfants, Jacqueline,

Francine et André. De confession juive, ils ont été contraints de quitter Bayonne, où ils prospéraient dans le commerce de peaux, à la suite de la spoliation de leur usine. Dès l'automne 1940, les premières lois antijuives ont été promulguées, leurs faisant, entre autres, interdiction d'exercer certaines professions. Par son métier, la famille a des amis gantiers dans le village voisin de Saint-Junien. Aussi Robert Pinède a-t-il décidé d'y emmener sa famille. Ne trouvant pas de logement à Saint-Junien même, ils décident, en attendant, de s'installer à Oradour. Les parents emménagent à côté de l'hôtel Avril, tandis que les enfants sont logés au-dessus de chez le coiffeur Valentin. La séparation, de part et d'autre de la grand-rue, est tout à fait volontaire. Si jamais une rafle survient, les parents espèrent ainsi sauver leurs enfants. André, le petit dernier, a le même âge que Denise. Jacqueline et Francine, elles, ont une année de plus et de moins que Robert. Ils se croisent tous les jours et ne tardent pas à devenir amis. Lorsque les Pinède auront enfin l'opportunité de s'installer à Saint-Junien, ils n'en feront rien. Finalement, ils se trouvent bien dans le tranquille village d'Oradour. Ils s'y sentent à l'abri.

Le temps passe et les hommes du village, partis combattre, ne reviennent pas. Certains ont été faits prisonniers par les Allemands, d'autres ont été enrôlés dans le STO, le service du travail obligatoire. En avril 1941, le conseil municipal socialiste d'Oradour est dissous. On fait alors appel à l'ancien maire, Paul Désourteaux, pour prendre la tête d'une délégation spéciale qui en tiendra lieu. Peu à peu, les effets de l'Occupation se font sentir. Les prix ne cessent d'augmenter tandis que l'argent se raréfie. Comme beaucoup, les Hébras font face à des fins de mois toujours plus difficiles. Jean prend un travail supplémentaire : il distribue des télégrammes qui, compte tenu des événements, sont toujours plus nombreux à être envoyés. Désormais, quelle que soit l'heure du jour ou de la nuit, une petite sonnette peut retentir dans la salle à manger des Hébras. Reliée au bureau des PTT, elle signale qu'un courrier est prêt à être délivré. Jean enfourche alors sa bicyclette et va chercher la missive au bureau de poste. Charge à lui d'aller la porter dans le bourg ou l'un de ses hameaux. Parfois, il lui faut parcourir des kilomètres sous la pluie ou dans l'obscurité. Il finit par faire l'acquisition d'un deuxième vélo, afin que ses enfants l'aident à l'occasion. Quand les télégrammes sont à destination du voisinage, c'est généralement Robert qui se charge de faire le facteur. Le moins que l'on puisse dire, c'est que personne n'est jamais ravi de le voir arriver, une petite enveloppe bleue à la main. Les télégrammes, tout particulièrement en cette sombre période, n'annoncent que très rarement de bonnes nouvelles...

Chez les Hébras, il y a eu beaucoup de changement ces dernières années. Odette, l'aînée, s'est mariée en 1937 avec François Foussat, un aviateur du cru. Le couple vit désormais dans une ferme à l'est d'Oradour, sur les bords d'un vaste étang, à Veyrac. Ils ont déjà deux enfants, Jean-Pierre, né en 1938, et Michèle, en 1940. Voilà donc Jean et Marie Hébras grands-parents. Le dimanche, lorsque le temps le permet, ils marchent durant une heure afin de rallier le foyer de leur fille et de passer du temps avec Jean-Pierre et Michèle.

Quand vient la guerre, Georgette, l'autre sœur aînée de Robert, a 17 ans. Elle se destine à devenir infirmière et a l'aura et la beauté d'une actrice de cinéma – ce qui la rend fort populaire auprès des garçons d'Oradour. Les amis de Robert ne sont pas rares à papillonner autour d'elle. Georgette aime aller aux bals organisés à l'hôtel Avril. Et son petit frère la suit souvent en cachette, afin d'espionner ces moments de rapprochement entre filles et garçons. Lorsqu'elle le surprend, elle ne manque pas de lui faire des remontrances et lui enjoint, peu aimablement, de rentrer à la maison. Elle n'a d'yeux que pour un dénommé Émile. Mais bientôt il part au front, où il sera fait prisonnier. Georgette va alors se retrouver dans une situation similaire à celle que sa mère a vécue quelques années auparavant. Forte de cet exemple, elle est bien décidée à attendre son promis le temps qu'il faudra. Elle est persuadée qu'à la fin de la guerre ils se marieront. En attendant, elle confectionne des gants de cuir pour les manufactures de Saint-Junien. Il lui arrive également de faire les marchés, avec le détaillant de tissus Dupic. Finalement, embauchée, selon ses vœux, à l'hôpital de Limoges, elle ne rentre plus à Oradour que durant les week-ends. Si bien qu'il ne reste plus que Robert et Denise à la maison. La petite dernière n'a que 4 ans quand la guerre éclate. Du fait de leurs dix ans d'écart, Robert ne s'est tout d'abord pas senti bien proche de celle qu'il considère encore comme un bébé. Mais en grandissant, il devient un grand frère protecteur et aimant. Il prend plaisir à la bercer et s'en occupe sans rechigner quand sa mère le lui demande.

Pour l'adolescent, la guerre complique surtout la recherche d'un apprentissage. Il se rêve pâtissier, par gourmandise sans doute et peut être aussi pour ne pas tout à fait quitter le monde de l'enfance. Mais le pâtissier du village ne prend plus d'apprenti. « C'est la guerre, on va faire moins de gâteaux… », annonce-t-il, désolé, aux parents de Robert. Alors Marie cherche une alternative et trouve pour son fils une place à la boulangerie du village. Robert y embauche à 4 heures tous les matins et termine sa journée à 17 heures. À ce rythme-là, il tient à peine sur ses jambes, et c'est avec difficulté qu'il avale le grand bol de chocolat et le pain qui lui est servi à chaque déjeuner. Épuisé, il déclare forfait au bout de huit jours.

Après cette première expérience peu engageante, une deuxième suit – là encore, ce sera une déception. Robert est engagé dans l'étude du notaire afin d'y retranscrire des actes à la machine à écrire. Si le travail est moins éreintant et les horaires décents, la tâche ne le passionne guère. Il déteste taper à la machine et passe le plus clair de son temps à observer, par la fenêtre, la vie du bourg. Cela lui laisse le temps de réfléchir à ce qu'il souhaite réellement faire de son existence. Ce qu'il lui faut, il en est convaincu, c'est un métier manuel. Quelque chose de concret, où l'on se sent utile. Alors, lorsqu'il apprend que le garage Poutaraud, juste en face de chez lui, cherche un apprenti, c'est sans regret qu'il dit adieu à sa maudite machine à écrire… sans même prendre la peine de finir l'acte de donation sur lequel il travaillait.

Au garage, Robert sera tout d'abord cantonné aux tâches les plus ingrates : laver les voitures des notables du coin et roder les soupapes des engins fatigués. Pourtant, un jour qu'il observe le moteur d'une traction rutilante, il éprouve comme une révélation. Cette fois, c'est certain, il veut apprendre le métier de mécanicien. Ce ne sera néanmoins pas chez Poutaraud, où il est plus souvent occupé à jouer les nounous pour les sept enfants du garagiste qu'à mettre les mains dans le cambouis. Son père vient à son secours. Il lui trouve une place dans un garage situé en plein cœur de Limoges, rue Bobillot, à deux pas de la gare des Charentes, desservie par le tram d'Oradour. On n'aurait pu mieux rêver. La carrière de Robert est enfin lancée.

Pour marquer le coup, et sans doute aussi pour qu'il ne loupe pas son tram, ses parents lui offrent une montre-bracelet. Il aura également droit à une bicyclette d'occasion. Robert aurait évidemment préféré en avoir une neuve, comme ses copains, mais, conscient des difficultés financières de la maison, il l'accepte de bon cœur.

À Limoges, l'adolescent travaille six jours sur sept, contre un salaire mensuel de 500 francs. Le midi, il déjeune dans une auberge où il retrouve quelques comparses d'Oradour, comme le maçon Mathieu Borie, un peu plus âgé que lui, et avec qui il se lie d'amitié. Souvent, Robert prend les tickets d'alimentation de ses parents pour s'acquitter des 9 francs que ce déjeuner lui coûte. Mais il s'estime heureux. Comparé à certains de ses copains, qui paient pour apprendre un métier, il n'est pas à plaindre. Son ami André se destine à travailler à la poste centrale de Limoges. Aimé veut, comme Robert, apprendre le métier de mécanicien. Henri, le meilleur de tous à l'école, est désormais interne au lycée Gay-Lussac de Limoges. Tous ont bien grandi depuis l'époque où ils faisaient les quatre cents coups. Mais ils sont toujours aussi complices. Ensemble, dès 1941, ils ont monté une équipe de foot, sport pour lequel Robert se passionne. Tous les dimanches, ils jouent contre les villages voisins. Les rencontres se déroulent généralement dans un pré, qu'un paysan prête pour l'occasion. L'équipement est sommaire, un ballon et quatre piquets pour délimiter les buts. Parfois, certains jouent même chaussés de leurs souliers de ville.

Robert fait appel au talent de sa mère afin qu'elle couse un fanion rouge, brodé des initiales USO : l'Union sportive d'Oradour est née. Elle est présidée par le Dr Jacques Désourteaux, le fils du maire du village. Robert évolue à tous les postes. S'il fait plutôt un bon milieu de terrain, on évite toutefois de lui confier les cages, tant sa réputation de « gardien de but aux mains percées » est établie. Mais qu'on ne s'y trompe pas, Robert n'est pas un compétiteur. Ce qu'il aime par-dessus tout, c'est jouer, et peu importe s'il perd. L'essentiel, ce sont les retrouvailles avec les copains et les copines qui viennent assister aux matchs.

Robert devient un jeune homme. Son pantalon, qui lui tombait sur les souliers à l'âge de 14 ans, lui arrive désormais aux chevilles. Mais l'Occupation est là, et les restrictions qui vont avec. Faute de mieux, il continue de le porter tous les jours jusqu'au samedi soir, où sa mère le lave pour qu'il soit propre en vue d'une nouvelle semaine de travail. Le lundi, quand Robert monte un peu honteux à bord du tram de 7 heures, il s'assoit vite en espérant ne pas croiser le marchand de tissus Dupic. Sans quoi celui-ci lui lancera immanquablement de son air goguenard : « Hé, Robert ! Ton pantalon a brûlé ? »

Cette légèreté relative ne va pas durer. Au fil des mois, l'atmosphère se transforme. C'est surtout criant à Limoges, où Robert croise désormais des soldats allemands d'un certain âge, vêtus d'un uniforme qu'il juge crasseux. La Kommandantur est installée place Jourdan, en plein centre. Au garage, on peint des voitures pour les troupes de la Wehrmacht se rendant sur le front russe. Parfois, Robert surprend des bribes de conversations. On évoque à voix basse le maquis. Celui du Limousin, qu'on surnomme « la Petite Russie », est devenu l'un des plus importants de France. À Oradour, on l'assimile surtout à un repaire de réfractaires au STO et de bandits, à tel point que lorsque le bureau de tabac du village est cambriolé, on attribue sans tarder le méfait à ces « voyous ».

Pourtant, au village, tout ramène encore Robert au temps de son enfance, doux et insouciant. Le soir, à l'heure où arrive son tram, la gare devient lieu de rendez-vous entre jeunes du bourg. On s'y retrouve entre copains, on blague, on échange quelques sourires timides avec les filles et, enfin, on discute la composition de l'équipe, avant le prochain match de football.

Certains des camarades de Robert ne connaissent rien d'autre que cette vie. Ils n'ont jamais pris le tram, ne sont jamais « montés à la ville ». Oradour est pour eux un espace préservé où l'on vit sans trop se soucier de la guerre. Bien sûr, les actualités qui précèdent les films projetés au cinéma ne parlent que de ça. Mais Robert, lui aussi, a bien du mal à se passionner pour les manœuvres des troupes allemandes sur le front de l'Est. À vrai dire, il ne se sent pas concerné.

Ses parents ne parlent jamais de politique à la maison. Jean écoute pourtant la radio et lit le journal qui, à l'époque, se résume à une simple feuille noircie de beaucoup de réclames et relatant les sempiternelles prouesses militaires allemandes. Parfois, Robert l'entend s'exclamer : « Ah, les Boches ont pris une volée ! » Jamais rien de plus. Au village, d'ailleurs, tout le monde est discret. Rien à voir avec les années 1930 où, lors des crises du Front populaire, des réunions politiques se finissaient en pugilat. Les passions enflammées d'hier ont laissé place au silence. On ne parle pas ouvertement de Pétain. On soupçonne l'un d'être collabo, l'autre d'être communiste. On se méfie, on garde son quant-à-soi.

Quelques festivités sont toujours organisées au village. Parfois, c'est un prestidigitateur ou un acrobate qui se donne en spectacle sur la place principale. Mieux encore, toutes les trois semaines, un cinéma ambulant s'établit au Mas-de-Glane, un hameau situé à 3 kilomètres du bourg. Robert et sa bande font alors le chemin à pied, sur les routes pierreuses qui sillonnent la campagne. C'est un véritable périple. Ils partent à une dizaine d'Oradour, s'arrêtent aux Bordes chercher d'autres copains, d'autres copines surtout. Il faut une bonne heure, voire une heure et demie pour rallier l'endroit où aura lieu la projection. Qu'importe. Lorsqu'ils y sont enfin, réunis tous ensemble, à rire, à se rapprocher et à se prendre la main dans l'obscurité, leurs efforts sont largement récompensés.

Les premiers bals de Robert sont clandestins. En mai 1940, ils ont été interdits par le régime de Vichy, la danse étant jugée contraire à la morale et aux bonnes mœurs. Alors, à Oradour comme partout en France, on en organise en secret, dans des granges isolées. Quand il n'y a pas de musiciens, et a fortiori pas d'orchestre, on improvise. Une feuille de papier à cigarettes sur un peigne, quelques percussions sur des tonneaux et des bouteilles, et le tour est joué. On s'y retrouve entre garçons et filles, on danse, on s'embrasse timidement.

À bientôt 18 ans, Robert commence à s'intéresser aux jeunes filles. Parmi ceux de son âge, des couples se forment. Aimé entretient une amourette avec Jacqueline. Mais Robert, gringalet qui ne pèse pas 50 kg, ne se trouve pas bien hardi et juge ses copains plus beaux que lui. Il n'est pas rare qu'il attende, assis sur un talus, quand d'autres vont s'embrasser dans les bois, à l'abri des regards. Pourtant, des filles, Robert en fréquente lui aussi. Une en particulier, qu'il connaît depuis l'enfance, et qui se nomme Irène. Son père, Lucien Morlieras, est coiffeur-barbier au café du Chêne à Oradour. Robert va s'y faire couper les cheveux depuis l'enfance. C'est là qu'il croise régulièrement Irène. Devenus adolescents, ils se tournent autour. Robert prend son courage à deux mains et ils finissent enfin par échanger quelques baisers au bord de la Glane ou au cinéma. Un béguin de jeunesse qui ne se soucie pas du lendemain. On n'est pas sérieux, quand on a 17 ans…

Lors de l'été 1942, Robert et quelques amis organisent leurs premières vacances à vélo. Ils choisissent soigneusement les haltes qui jalonneront leur périple, en zone libre, afin d'être certains de ne pas croiser d'Allemands. Tout au long de l'année, ils ont placé de l'argent dans une cagnotte. Ils ont également commandé une remorque sur mesure au menuisier local. Les talents de couturière de la mère de Robert sont encore mis à profit. Elle leur confectionne une toile de tente et leur prête des marmites en cuivre pour cuisiner sur la route. Les garçons taillent des piquets et passent une nuit dans un champ, afin de tester leur matériel avant le grand départ.

Enfin, ils se mettent en route, direction L'Isle-Jourdain, une petite ville des bords de Vienne, à quelque 50 kilomètres plus au nord. Le bivouac est installé non loin de la rivière dans laquelle ils pêchent. Mais on n'y appâte que des poissons-chats qui, malheureusement, contiennent plus d'arêtes que de chair... Ils dorment à la belle étoile, dans de la paille qu'ils vont chercher chez un paysan voisin à qui ils achètent également quelques œufs et des pommes de terre. Tandis que l'un fait les courses, les autres pêchent ou cuisinent. Le séjour se passe ainsi, agréable et dépaysant, empreint d'un frisson particulier – celui procuré par une autonomie et une liberté toutes nouvelles, celui que l'on n'éprouve qu'une seule fois, au seuil de l'âge adulte.

Le 11 novembre 1942, en représailles au débarquement anglo-américain en Afrique du Nord, l'armée allemande franchit la ligne de démarcation. Depuis l'armistice de 1940, cette frontière administrative séparait la France occupée de la France dite « libre » qui, désormais, n'existe plus. Mais forts d'une première expérience concluante et tenaillés par l'envie de s'évader à nouveau, les copains décident tout de même de remettre ça. Ils repartent donc à vélo l'été suivant, celui de leurs 18 ans. La destination est plus lointaine, le périple plus ambitieux. Ce sera Rocamadour, à 170 km au sud de leur village. Du vent dans les mollets, ils cheminent en riant sur ces routes champêtres jusqu'à ce que la bicyclette de Robert fasse des siennes : le moyeu de sa roue est grippé. Mettant son expérience de mécanicien à profit, il tente de le bricoler lui-même, de le graisser avec du beurre acheté en route. Mais sans outils adéquats ni atelier disponible, il n'y a rien à faire. Il faut se résoudre à rentrer en train. Robert et ses copains réunissent toutes leurs économies et investissent un plein wagon avec leurs vélos et leur remorque.

De retour à Oradour, le maudit vélo est réparé et la bande reconstitue peu à peu sa cagnotte. Car l'on songe déjà au prochain voyage qui, si tout va bien, aura lieu l'été suivant. Robert, à bientôt 19 ans, est empli d'une débordante envie de vivre.

3

Le 10 juin 1944, à l'aube, alors que la maisonnée dort encore, Jean Hébras sort de chez lui sur la pointe des pieds. Il a rendez-vous avec un fermier dans le village voisin de Saint-Victurnien. Les deux hommes mèneront un troupeau de bêtes réquisitionnées par les Allemands jusqu'à la gare. À 63 ans, Jean est depuis peu à la retraite. Mais la pension que perçoit l'ancien électricien est trop modeste pour qu'il puisse se permettre de ne plus travailler. Alors, contre rémunération, il prête régulièrement main-forte aux agriculteurs.

Ce samedi matin, le temps est couvert sur Oradour qui essuie même de petites averses. Ce qui n'empêche nullement le village d'être déjà bien animé. Comme tous les 10 du mois, on distribue le tabac contingenté chez le buraliste Villatte, sur la grand-rue. Les enfants du bourg et des hameaux sont à l'école. Dans la classe de Denise, la cadette des Hébras, c'est la dernière journée de l'institutrice remplaçante, Odette Couty. À 16 heures, cette jeune femme de 23 ans doit prendre le tramway pour rentrer chez ses parents, à Limoges. Des habitants de la ville ont fait le trajet inverse. Ils sont venus se ravitailler dans les nombreux commerces d'Oradour, mieux fournis. Si le temps le permet, ils prolongeront sans doute leur séjour en allant passer l'après-midi au bord de la Glane. Au café du Chêne, les clients sont déjà nombreux au comptoir. Le coiffeur, qui n'officie que le samedi, fait le plein, comme toujours. Alors, en attendant leur tour, les gens discutent, tapent le carton ou jouent aux dominos.

Exceptionnellement, ce jour-là, Robert est au village lui aussi. C'est qu'au garage, l'annonce du Débarquement de Normandie, deux jours plus tôt, a échauffé les esprits. Aux yeux de tous, c'est le signal tant attendu que la guerre, qui jusqu'alors durait sans perspective aucune, tire à sa fin. À Oradour, on s'est passé le mot. Bientôt, vous verrez, ça sera terminé, les bals clandestins et le pain noir. Des réfugiés se sont même pris à rêver de retrouver leurs foyers, leurs familles.

Ragaillardi par cette formidable nouvelle, Mounet, le chef d'atelier de Robert, a eu une altercation avec un soldat allemand. Robert les a entendus crier, mais il s'est bien gardé de participer à l'esclandre. Sans mot dire, il s'est hâté de finir son travail pour attraper son tram. Alors qu'il s'apprêtait à partir, son supérieur l'a pris à part.

— Tu as entendu ce qu'il s'est passé ?

Robert opine, tout en jetant un œil nerveux à sa montre-bracelet.

— Bon ! Reste chez toi jusqu'à nouvel ordre. Je te ferai signe quand il faudra revenir.

Robert prend la direction de la gare sans demander son reste. Quelques jours de congé inattendu ne sont pas pour lui déplaire. D'autant qu'il n'est pas le seul dans ce cas. En effet, les internes des lycées de Limoges ont, exceptionnellement, été renvoyés chez eux. Il s'agit de libérer des chambres en vue du passage éventuel de troupes allemandes. Plusieurs amis de Robert sont ainsi rentrés à Oradour dès le mercredi.

Georgette est elle aussi chez ses parents. Après être tombée malade, elle est en convalescence à la maison. Il lui reste encore quelques jours à passer à Oradour avant de regagner l'hôpital de Limoges où elle travaille. En attendant, elle aide sa mère dans ses tâches quotidiennes, coud des gants à ses côtés. À 51 ans, Marie est désormais une grand-mère au chignon blanc. Elle n'a plus l'habitude d'avoir autant de monde à la maison et se fatigue vite.

Le week-end précédent avait d'ailleurs été fort occupé. Le samedi, Robert avait eu son traditionnel déjeuner avec les membres de son équipe de foot. Georgette avait, quant à elle, profité du beau temps pour faire une balade à vélo et s'était promenée dans les environs d'Oradour en compagnie de son amie Denise Bardet, l'une des institutrices du village. Le dimanche avait été jour de fête ; Denise, la petite dernière de la famille, faisait sa communion solennelle. Pour l'occasion, elle avait fièrement posé devant l'objectif d'un photographe, vêtue de sa belle robe blanche. André, l'ami de Robert, doit d'ailleurs ramener les clichés développés en rentrant de Limoges, ce samedi même.

En attendant le retour de son camarade, Robert a de quoi s'occuper. Son père, qui lui a inculqué quelques rudiments d'électricité, l'a chargé d'installer une prise de courant chez une voisine, la mère Berry. Ses enfants viennent de lui offrir un petit réchaud électrique et il lui tarde de pouvoir l'étrenner. Après avoir pris son petit déjeuner, Robert emporte quelques outils et se rend chez la vieille dame. Une petite heure lui suffit pour s'acquitter de sa tâche et, après avoir vérifié que tout fonctionne bien, il quitte les lieux. Il est désormais libre de son temps pour le restant de la journée, pour son plus grand plaisir.

Après le déjeuner, les nuages se sont dissipés pour laisser place à un soleil radieux. Un bel après-midi de juin s'annonce et il fait chaud à Oradour. Vêtu d'un simple tricot de corps sur son pantalon, Robert observe le va-et-vient des badauds depuis le pas de sa porte. Une demi-heure plus tôt, quelques villageois se sont hâtés de finir de manger pour attraper le tramway de 13 h 30, direction Limoges. Une escapade en ville pour faire les boutiques, voir des amis, aller au cinéma. Juste le temps d'un après-midi, avant de rentrer par le dernier tram du soir.

Robert est bientôt rejoint par son ami Martial Brissaud. Sur le trottoir, ils engagent joyeusement la conversation. Il est question du match de foot qui doit se jouer le lendemain. Chacun y va de son pronostic lorsque, tout à coup, le vrombissement de puissants moteurs interrompt leur échange. Cela semble venir du bas du village, sans doute de la route qui mène à Limoges. En regardant en cette direction, Robert et Martial ne tardent pas à apercevoir des véhicules blindés chenillés et des camions où sont installés une dizaine de soldats allemands vêtus de noir, fusil entre les jambes. L'impressionnant convoi passe devant Robert et Martial sans s'arrêter. Il remonte la rue principale, passe devant la mairie, la gare et la poste jusqu'à s'immobiliser à l'autre extrémité du bourg. Alertés par ce vacarme, les habitants sortent de leurs maisons toute affaire cessante.

Au total, ce sont 120 Waffen SS de la 2e division blindée Das Reich qui ont investi Oradour. Après avoir subi de lourdes pertes sur le front de l'Est, la division est en cours de reconstitution et ses troupes se composent principalement de jeunes soldats. Il s'agit d'hommes à peine sortis de l'adolescence. Certains d'entre eux, venus de l'Alsace annexée, ont été incorporés de force, contraints à combattre leur propre pays. Mais les officiers sont, pour la plupart, très expérimentés. Sous leur commandement, des soldats encerclent le village, tandis que d'autres se postent, en sentinelle, devant les entrées et sorties d'Oradour. De cette manière, ils ont l'assurance que personne ne puisse plus quitter le bourg.

Tandis que la plupart des habitants restent circonspects, Martial est, pour sa part, très inquiet. À 17 ans, il craint d'être envoyé en Allemagne, requis par le service du travail obligatoire. Robert tente de le rassurer : « T'inquiète pas, ils rejoignent la Normandie, voilà tout ! Moi, je les vois tous les jours à Limoges. »

Il n'a pas tort. La troupe a quitté Montauban, où elle se préparait au combat depuis le printemps, pour rallier le front normand. Le matériel lourd est parti sur des wagons, tandis que les hommes en armes ont pris la route, par la Corrèze et le Limousin. Avec ordre, sur leur passage, d'écraser toute résistance ou velléités de rébellion. Quitte à mener de véritables opérations de terreur. Car ce que les nazis craignent par-dessus tout, c'est que la nouvelle du Débarquement, qui s'est répandue comme une traînée de poudre à travers le pays, incite les populations civiles à rejoindre ou à apporter de l'aide aux maquisards. Pas question pour eux d'être pris en tenaille entre les Alliés et les résistants.

Quelques jours avant leur arrivée à Oradour, l'état-major a envoyé un ordre clair aux hommes de la Das Reich : il faut prendre position pour commettre « une frappe immédiate ». La veille, à Tulle, en représailles d'une attaque commise par le maquis de Corrèze, 99 hommes ont été pendus et 149 habitants déportés par une autre unité de la division. Mais cela s'est passé à une centaine de kilomètres d'Oradour, et les villageois l'ignorent encore lorsque les SS pénètrent dans leur bourgade, jusqu'alors bien tranquille. Ce qu'ils ignorent également, c'est que les 9 et 10 juin, à Saint-Junien et à Limoges, des officiers SS, avec la complicité de la milice locale, ont minutieusement préparé l'opération d'Oradour. Le village est une cible idéale : une population de taille moyenne, pas de résistance connue, donc pas de réponse armée ni de méfiance particulière des habitants. À quelques exceptions près.

Martial est pris de panique à la vue de ces hommes en armes. Il est en train de remonter la rue principale à grandes enjambées pour rentrer chez lui lorsque le maire l'apostrophe.

— Où cours-tu si vite, Martial ?

— J'ai peur, je vais me cacher.

— Demain, tu viendras nous dire où tu étais ! plaisante l'édile qui, devant l'école, reprend sa discussion avec l'instituteur Rousseau.

Eux aussi ont vu les Allemands passer. Mais cela ne semble pas les inquiéter le moins du monde.

Martial poursuit sa route sans ralentir. Afin de ne pas croiser les soldats, il bifurque derrière la gare, coupe à travers champs et rejoint l'arrière de sa maison. Sans plus réfléchir, il va se dissimuler dans son grenier. À seulement quelques mètres de là, en haut de la rue Émile-Désourteaux, les Waffen SS ont stationné leurs véhicules militaires.

Une poignée d'autres habitants ont également pressenti que quelque chose d'anormal se tramait. Ils ont trouvé des subterfuges pour ne pas être confrontés aux SS. Le cordonnier Machefer, communiste bien connu au village, a la présence d'esprit de se saisir de sa canne à pêche et de s'en aller discrètement vers la rivière. Paul Doutre, jeune réfractaire au STO, se cache, quant à lui, dans l'atelier de menuiserie de son père.

Pendant ce temps, des soldats se rendent dans les différentes écoles du village. Ils ordonnent aux instituteurs d'accompagner leurs élèves sur le champ de foire. Parmi eux se trouve Denise, la petite sœur de Robert, âgée de 9 ans. Un seul enfant, le réfugié

Roger Godfrin, 8 ans, fuit l'école des réfugiés lorrains où il se trouve lorsque les Allemands font irruption dans le bâtiment. Son père l'avait toujours encouragé à déguerpir au cas où il se retrouverait face aux « Boches ».

Quant à Robert, il est toujours planté là, au milieu de la grand-rue, lorsqu'il voit sa mère sortir de leur maison. Un torchon à la main, elle essuie machinalement une assiette. Il lit l'inquiétude dans ses grands yeux noirs et se décide à la rejoindre.

— Tu devrais te cacher ! lui lance-t-elle, redoutant qu'il soit envoyé en Allemagne.

De nouveau, Robert se veut rassurant :

— T'en fais pas, je suis en règle.

Les soldats investissent désormais toutes les rues du village. Ils pénètrent dans les maisons et en font sortir, relativement dans le calme, leurs occupants. En criant « Place ! Place ! » ils leur intiment l'ordre de se rendre sur le champ de foire. Des camions militaires font des allers-retours. Ils ramènent les habitants des fermes alentours qui, quelque peu hébétés, se demandent ce que l'on peut bien leur vouloir. Les soldats leur expliquent qu'il s'agit d'un simple contrôle d'identité.

Robert, accompagné de ses sœurs et de sa mère, n'a d'autre choix que de suivre le mouvement. Il n'a pas même le temps d'enfiler une chemise et descend la rue, toujours vêtu de son maillot de corps.

— Tu aurais dû te cacher, lui souffle Marie, la mine défaite.

— T'en fais pas, maman, je suis en règle. Je suis en règle…, lui répète Robert, comme pour l'apaiser.

Il y a déjà beaucoup de monde sur la place : les habitants venus du bas du village, les enfants des écoles et leurs instituteurs. Tous ont été rassemblés dans le calme. On se passe le mot :

« contrôle d'identité ». Robert prend alors conscience que ses papiers sont restés dans sa veste, à la maison. Qu'importe, si on les lui demande, il pourra bien faire quelques mètres pour aller les chercher…

Autour de lui, des femmes portent leur bébé serré contre leur poitrine. D'autres sont venues avec les landaus et les voitures d'enfants. Des vieillards sont là également, qui se tiennent péniblement debout sur la terre battue, sous le pesant soleil de juin. Des clients du coiffeur attendent, cheveux mouillés, serviette sur les épaules, comme Marcel Darthout, le grand frère d'Aimé. Robert scrute les visages familiers. Personne ne semble avoir particulièrement peur. Pas même les vétérans de la Grande Guerre.

Ils sont massés sur une partie de la place circonscrite par un cordon de soldat. Ainsi, personne ne quittera les lieux. Les Allemands qui les entourent portent tous la même tenue, sans aucun grade apparent. Robert, qui scrute la foule, repère sa petite sœur Denise. Elle semble inquiète. Alors, il la rejoint, l'embrasse sur la joue.

— T'inquiète pas, on va rentrer à la maison sans tarder, lui glisse-t-il à l'oreille.

Puis Robert navigue d'un groupe à l'autre, selon les têtes qu'il reconnaît. Les villageois discutent de tout et de rien, en attendant les ordres des soldats. Robert rejoint des copains, parmi lesquels son meilleur ami Henri, près de la pâtisserie Compain, en haut de la place. Tout à côté, un soldat juvénile, armé d'un fusil plus haut que lui, surveille la foule. Son pied botté de cuir est nonchalamment appuyé sur une auge en pierre, face à la devanture du commerce.

— Mes gâteaux vont brûler, est-ce que je peux aller voir ? lui demande Maurice Compain en pointant du doigt son échoppe.

Le soldat tourne la tête vers le pâtissier encore tout enfariné de sa matinée de labeur.

— T'en fais pas, on va s'en occuper de tes gâteaux, lui répond-il, placide.

Son français est impeccable, à peine teinté d'un léger accent.

Cela fait maintenant plus d'une heure que les habitants d'Oradour attendent. À mesure que les SS vident les maisons, ils sont toujours plus nombreux à se masser sur la place du village. Plus de 600 personnes y sont réunies lorsque les soldats commencent à séparer les femmes et les enfants du reste du groupe. Les hommes sont mis sur trois rangs, face au mur, sur le trottoir qui longe la forge Beaulieu. Les femmes et les enfants sont cantonnés de l'autre côté de la place. Pour la première fois, il y a quelques mouvements de protestation dans la foule. Mme Rousseau, l'institutrice, refuse que son fils Pierre, grand et fort pour ses 16 ans, mais souffrant de handicap mental, soit envoyé avec les hommes. Elle parlemente avec les soldats, qui finissent par l'autoriser à le garder auprès d'elle. Plusieurs couples se quittent avec difficulté. Mais il est vraisemblable que personne ne pense au pire. Les soldats sont calmes et, malgré leurs mitrailleuses, ils semblent peu nombreux face aux quelque 200 hommes du village en présence. Il ne se produit aucune effusion lorsque les SS emmènent femmes et enfants vers le bas du village.

Robert reste serein. L'idée que l'on puisse tuer des civils innocents ne lui traverse pas l'esprit. Comme nombre d'hommes, il se retourne pour voir les siens s'éloigner. Il échange un dernier regard avec sa mère. Marie a beau esquisser un sourire, Robert n'en perçoit pas moins la profonde détresse qui creuse ses traits. L'inquiétude, sans doute, que son seul fils soit envoyé en Allemagne. Pouvait-elle imaginer, ne serait-ce qu'un seul instant, le funeste destin que les SS réservaient aux habitants d'Oradour ?

*

Village martyr d'Oradour-sur-Glane, mars 2021

— J'étais tellement en règle que je n'avais même pas mes papiers ! répète Robert Hébras en souriant tristement.

Debout sur la place du champ de foire, à l'endroit même où le drame s'est joué voici plus de soixante-quinze ans, le vieil homme embrasse les lieux du regard.

— Vous étiez face au mur, à la queue leu leu ? demande Agathe, réagissant au récit que son grand-père vient de livrer.

Robert fait signe que oui.

— Tu crois que c'était pour vous exécuter, ou pour que vous ne puissiez pas voir les femmes partir ? l'interroge-t-elle encore.

— Je pense que c'est un tout, répond Robert en haussant les épaules. Ils ont peut-être pensé à nous exécuter ici…

Il n'en dira pas plus. Comme s'il était parvenu aux limites de son témoignage. Personne, hormis les officiers nazis à l'œuvre, ne peut expliquer les ressorts de la folie meurtrière qui a frappé Oradour, ce 10 juin 1944.

Respectant ce silence, Agathe regarde autour d'elle et scrute ce décor funèbre et familier, semblant y chercher des réponses. À quelques mètres d'eux, il y a cette carlingue rouillée – les vestiges d'une Peugeot 202, devant laquelle les visiteurs aiment à se prendre en photo. C'est l'une des légendes d'Oradour que Robert déteste tant. On prétend que c'est la voiture du Dr Jacques Désourteaux qui, en revenant d'un accouchement, est arrivé aux portes du bourg déjà encerclé par les SS. Les soldats lui ont demandé de se rendre sur la place du champ de foire. Symboliquement, cette voiture est donc devenue la dernière à être entrée dans Oradour avant le massacre. Mais la véritable automobile du médecin, Robert le sait bien, a été déplacée quelques semaines après le drame. Les survivants de la famille l'ont fait emmener dans le jardin de la maison des Désourteaux. Elle s'y trouve encore aujourd'hui. La carcasse qui gît sur la place est celle de la voiture du marchand de vins Texereau. Elle était garée en travers de la route et a été déplacée là par les équipes de secours venues déblayer le village, quelques jours après la tuerie.

— Je peux te dire que je l'ai lavée, cette voiture, même quand il faisait bien froid…, précise Robert, se laissant aller quelques secondes aux réminiscences de son apprentissage au garage Poutaraud, avant de reprendre. Alors là, le maire se présente aux soldats. Tu m'écoutes bien ? lance-t-il à l'adresse d'Agathe.

— J'écoute bien, répond-elle, sourire aux lèvres.

— C'est que je veux que tu saches exactement, que tu puisses témoigner après moi, vraiment, de ce qu'il s'est passé, justifie Robert. Je veux que tu saches tout. Absolument tout.

4

Quand les hommes se retournent d'un mouvement général, les femmes et les enfants ne sont plus là. Robert s'assoit avec d'autres sur le bord du trottoir. Le temps semble long. Sans agressivité et en français, un soldat demande aux détenteurs d'armes de se manifester. Personne ne bouge, personne ne dit mot. Le soldat indique alors vouloir parler au maire. Paul Désourteaux s'avance. Le SS l'exhorte à désigner des otages, mais le maire s'y refuse. S'ils veulent des otages, qu'ils le prennent, lui et ses fils. La discussion se poursuit à l'écart, puis Paul Désourteaux réintègre le groupe d'hommes, sans mot dire.

Un soldat s'adresse à nouveau à la foule :

— Il y a des armes dans le village, on va les chercher. Tous ceux qui ne sont pas concernés seront relâchés.

Soulagement dans les rangs. Des armes, il n'y en a guère à Oradour, mis à part quelques carabines légères destinées à la chasse. Leurs propriétaires se dénoncent de bonne foi. Mais les Allemands ne s'intéressent pas à ces vieilles pétoires. « Il y a ici, insistent-ils, une cache de munitions, et nous avons pour mission de la trouver. » Pendant qu'ils fouilleront les maisons une à une, les hommes seront retenus dans les granges et garages du bourg. S'ils n'ont rien à se reprocher, ils seront libérés. Pas trop tôt, pensent les villageois. Les bêtes ont besoin d'être nourries, le pain d'être fait et chacun pense au travail qu'il a laissé en plan.

On scinde alors les hommes en plusieurs groupes, au hasard. Les uns après les autres, ils quittent la place, encadrés par les SS. Robert fait partie du dernier lot, sans doute le plus important. En tout, ils sont près de cinquante, peut-être même soixante, à être emmenés vers la grange Laudy, à quelques mètres de là.

En descendant la rue principale, comme les femmes et les enfants quelques instants plus tôt, Robert lance vainement un regard au loin, espérant apercevoir les siens. Cinq soldats encadrent son groupe. Deux d'entre eux portent des mitrailleuses à l'épaule. Deux autres ont des bandes de munitions passées autour du cou. Le cinquième et dernier semble être un officier. Il porte le même uniforme que les quatre autres, mais son arme diffère et, sur sa poitrine, Robert distingue un insigne qu'il ne reconnaît pas.

Le groupe passe devant les maisons vides et les commerces abandonnés. L'école des filles, la boucherie Lanot, au marbre étincelant, le tabac Villatte. Tous ces lieux de vie, où l'effervescence régnait encore quelques heures plus tôt, sont désormais déserts. Et c'est le village entier qui, soudainement, semble s'être figé dans la désolation.

Robert marche aux côtés de son ami Henri. Ils dépassent le petit garage Désourteaux, où un groupe d'hommes a déjà été amené. Un unique soldat garde les lieux. Les villageois qui se reconnaissent se saluent au passage. Arrivé à la hauteur de la boulangerie de ses parents, machinalement, Henri se penche par la fenêtre. Sans doute essaie-t-il de se rassurer en recherchant une présence, peut-être un membre de sa famille. Mais un soldat l'incite fermement à rentrer dans le rang, à l'aide de la crosse de son fusil. Avant que la rue ne tourne en direction de la grange Laudy, Robert scrute une dernière fois le bas du village, en direction de l'église. Il n'aperçoit rien ni personne. Un silence de mort plane désormais sur Oradour.

Au village, ce que l'on nomme communément la grange Laudy est un simple hangar agricole ouvert sur la rue. L'endroit est assez encombré et, afin que tous puissent tenir à l'intérieur, les SS demandent aux hommes de s'y ménager un espace. On déplace des charrettes, du foin, quelques brassées de bois. Il fait très chaud dans le hangar. Robert et Henri se remettent à discuter du match de foot qu'ils doivent disputer le lendemain. Ils vont s'asseoir sur des bottes de foin, tout au fond. Devant eux, Marcel Darthout, le garagiste Pierre Poutaraud ou le père de Martial Brissaud, mutilé de la Grande Guerre, font de même. Pendant ce temps, à l'aide d'un balai trouvé là, les soldats nettoient sommairement le parvis de la grange. Ils s'y allongent ensuite, adoptant la position du tireur couché, et arment leurs mitrailleuses. Les villageois les regardent faire sans broncher. Après tout, ne s'agit-il pas d'une prise d'otages ? Il faut bien faire en sorte que personne ne s'échappe. Et, nonobstant leurs armes, les Allemands ne sont que cinq tandis que les villageois sont plus de cinquante. Durant un bon quart d'heure, il ne se passe rien. Puis un soldat fait le tour de la grange. D'un geste, il fait signe à Robert et aux autres, assis au fond, de se relever. Les hommes obtempèrent. Tous, face aux SS, restent dociles et silencieux. À peine le soldat a-t-il regagné l'entrée de la grange qu'une détonation assourdissante retentit dans le village. C'est le signal. Allongés derrière leurs fusils-mitrailleurs, les SS ouvrent le feu.

Des rafales partent et les hommes tombent comme des fétus de paille. Ils sont fauchés, principalement atteints aux jambes, et s'écroulent les uns sur les autres, comme des poupées de chiffon. Robert chute lui aussi, non pas criblé de balles, mais écrasé sous le poids de ceux qui s'effondrent. La salve de tirs s'interrompt enfin. Des cris et des râles s'élèvent de partout. « Les salauds, ils m'ont coupé l'autre jambe ! » hurle le père Brissaud. À l'agonie, certains geignent, appellent leurs mères, leurs femmes, leurs enfants. Les soldats passent dans les rangs et un silence glacial emplit de nouveau la grange. Ils montent sur les corps, piétinent les moribonds, achèvent froidement les vivants d'une balle dans la tête. Robert sent un souffle s'éteindre au-dessus de lui. Du sang chaud, poisseux, s'écoule sur son corps. La douleur infuse, il se rend compte qu'il a été atteint par un éclat de balle.

Tétanisé par la terreur, il se laisse sombrer. Il a la sensation de disparaître sous les corps, de s'enfoncer dans le sang et la poussière. Les gémissements se font de plus en plus rares, laissant place au seul bruit des bottes. Les bourreaux vont et viennent. Ils recouvrent les corps de foin, de paille et de bois. De tout ce qu'ils trouvent et qui est susceptible de brûler. Robert tente de rassembler ses esprits. Son corps est engourdi, cependant il sait que ses membres fonctionnent encore. Il s'imagine tout d'abord attendre la nuit pour prendre la fuite. Mais il comprend sans tarder que les SS ont mis le feu à la grange. Les flammes dévorent déjà le foin qui couvre le charnier. Depuis le fond de la bâtisse, Robert entend le crépitement du feu qui se rapproche de lui. Le brasier, inexorablement, avance. Il ressent maintenant sa morsure. Ses cheveux et son bras lui cuisent. Il résiste aussi longtemps qu'il le peut, jusqu'à ce que la brûlure soit insupportable. Quitte à mourir, mieux vaut être exécuté que brûlé vif.

Il lui faut s'extraire de l'amas de corps qui l'ensevelit, coûte que coûte. Alors une vision dantesque le saisit d'effroi. Les morts par dizaines, ses amis, ses voisins, les siens, effroyablement mêlés dans un chaos de flammes et de sang. Et cette odeur de chair brûlée, ces relents atroces de carnage qui lui soulèvent le cœur.

Sans réfléchir davantage, Robert pousse une petite porte de bois située au fond de la grange, persuadé que la mort l'attend de l'autre côté. Mais il atterrit dans l'arrière-cour du bureau de tabac Villatte où, contre toute attente, personne n'est là pour l'exécuter. Curieusement, malgré l'urgence de la situation, il ne veut pas pénétrer dans le commerce par effraction. Revenir sur ses pas est sa seule option. Il s'engouffre dans la grange Laudy, traverse les rouleaux de fumée, marche sur les corps inanimés de ses camarades jusqu'à atteindre l'autre extrémité du bâtiment. Il traverse et pénètre immédiatement dans l'étable qui se trouve juste en face du hangar. L'abri est plongé dans l'obscurité mais, au fond, il distingue une ombre qui lui glace le sang.

Pris de panique, Robert fait aussitôt demi-tour. Au-dehors, le soleil brille toujours, la lumière est crue et le feu gagne les bâtisses alentour. Est-il vivant ou mort ? Il ne sait plus. Tel un pantin, mû par une énergie qui lui semble étrangère, il poursuit son chemin en rasant les murs. Il doit trouver une issue, une cachette, n'importe quoi. Une porcherie en contrebas fera l'affaire. Il y entre et s'y pelotonne, dissimulé dans un coin obscur. À l'autre extrémité de la soue, il y a une porte. Et à travers le battant, il lui semble entendre des voix. Il tente de calmer sa respiration et tend l'oreille. Du patois limousin ! Soulagé, Robert n'hésite plus et pousse le battant, causant une peur bleue aux quatre hommes qui se trouvent derrière.

Il reconnaît Marcel Darthout, le grand frère d'Aimé, Mathieu Borie, le maçon avec qui il déjeune parfois à Limoges, Yvon Roby, et Clément Broussaudier, deux habitants des hameaux voisins. Passé l'instant de frayeur, ils sont rassurés de reconnaître le jeune homme. Robert les observe. Il ne comprend ni quand ni comment ils ont pu s'échapper de la grange Laudy. D'autant plus que Marcel est bien mal en point. Touché par plusieurs balles, il a les jambes en sang. Qu'importe, ils sont vivants et Robert se décide à les suivre. Ensemble, ils cherchent un moyen de sauver leur peau. Ils se faufilent dans un renfoncement entre deux maisons, passage plutôt étroit. Mathieu examine les murs d'un regard expert. Les joints de chaux qui lient les pierres sont poreux, rongés par l'humidité. À l'aide d'un canif, il commence à les gratter, bientôt rejoint par Yvon et Clément. Quant à Robert et Marcel, ils sont trop affaiblis pour être d'une quelconque utilité et les observent en silence.

Il ne faut pas bien longtemps aux trois hommes pour desceller quelques pierres et se ménager un passage dans la muraille. Les trois plus vaillants passent en premier, un à un, avant d'aider les deux autres à les suivre. Lorsque ses camarades tirent Robert à travers le mur, la peau de son bras brûlé frotte sur le torchis et part en lambeaux. Il parvient à réprimer un hurlement de douleur. Le groupe arrive dans une nouvelle grange, elle aussi plongée dans la pénombre. Ils distinguent une échelle de meunier qu'ils empruntent afin de se hisser dans le fenil où des fagots de petit bois sont entassés jusqu'à la charpente. À peine quelques minutes après qu'ils ont trouvé refuge, deux soldats font irruption dans la bâtisse. Ils ont tout juste le temps de se cacher. Robert et Mathieu s'étendent sur les fagots, tandis que les trois autres se dissimulent sous de la paille. L'un des SS monte à l'échelle et frotte une allumette, non pas pour y voir clair, mais bien plutôt pour mettre le feu aux branchages. Robert retient son souffle. Il lui suffirait de tendre le bras pour toucher le casque de l'Allemand. Mais, aussitôt après qu'il est parvenu à enflammer le fenil, le soldat redescend. Il arme alors son fusil-mitrailleur et tire dans la toiture qui, d'un coup, s'embrase. Les Allemands quittent enfin les lieux, pressés de poursuivre leur méticuleuse et sordide entreprise de destruction. D'Oradour, il ne doit rien demeurer que les cendres d'un brasier.

Pour ne pas risquer d'attirer l'attention, les cinq hommes restent immobiles le plus longtemps possible. Mais le feu gagne et ne leur laisse d'autre choix que de redescendre. Ils trouvent refuge dans un petit appentis de brique, à l'extérieur. Depuis leur cache, entre les poules et les lapins, ils peuvent voir le champ de foire, sur lequel des sentinelles font des rondes. Tout autour d'eux, le village brûle. Leur chance de s'en sortir est de plus en plus mince, ils en ont bien conscience. Mais l'instinct de survie les tenaille.

Affaibli par ses blessures, Marcel plonge son mouchoir dans l'eau croupie des poules pour se désaltérer. Le feu ne tarde pas à s'attaquer à la charpente de leur abri. Il ne leur reste plus qu'une issue : rallier la ferme Senon, juste en face, et couper à travers champs, plein nord, jusqu'au cimetière. De là, ils devraient pouvoir quitter le village. Mais il leur faut prendre le risque de traverser la chaussée à découvert. Yvon et Clément partent les premiers. Mathieu s'élance à son tour. Robert se tourne alors vers Marcel. Désemparé, la voix tremblante, il lui demande : « Qu'est-ce que je peux faire pour toi, Marcel ? On ne peut pas rester là ! » De plus en plus diminué, son camarade l'engage à y aller en premier et à lui faire signe, une fois de l'autre côté. Robert traverse donc sans réfléchir, aussi vite qu'il le peut, persuadé d'être fauché par la mitraille allemande. Il a juste le temps d'entrevoir le brasier rougeoyant qu'est devenu Oradour.

Une fois de l'autre côté, comme promis, il fait signe que la voie est libre. Marcel ne peut plus marcher. Alors, usant de ses dernières forces, il se traîne sur la terre battue pour rejoindre Robert en rampant. Une fois parvenu dans l'enceinte de la ferme Senon, il attrape du linge en train de sécher pour s'en faire un garrot de fortune. Cachés dans des buissons, les deux hommes échangent un regard désespéré. « T'occupe pas de moi, Robert, t'occupe pas… » La mort dans l'âme, Robert se décide à partir. Il traverse l'enclos de la ferme, court à travers champs jusqu'à arriver, hors d'haleine, à l'enceinte du cimetière. Après une courte halte, il se remet en route, sans même se retourner sur son village qui disparaît, dévoré par les flammes. Des heures durant, prenant soin d'éviter les routes, il fuit à travers la campagne, aussi loin que ses jambes le portent.

Plus tôt dans l'après-midi, alors que les hommes tentent encore d'échapper au feu et aux soldats, les femmes et les enfants du village sont enfermés dans l'église, où les ont conduits les Allemands. Ils sont près de 450 à être massés depuis plusieurs heures dans ce sanctuaire, les uns contre les autres. Les enfants des hameaux, qui ont été raflés à l'école, sont là, sans leurs mères qui les attendent à la maison. L'angoisse se fait de plus en plus palpable. D'autant qu'une heure plus tôt, une détonation suivie de tirs a brisé le silence. Marguerite Rouffanche, enfermée avec ses filles et son petit-fils, a alors cru que les maquisards investissaient le village et se battaient avec les Allemands. Mais depuis, le calme est revenu.

Soudainement, deux soldats SS font irruption dans le lieu saint. Ils déposent dans la nef, près du chœur, une caisse assez volumineuse de laquelle dépassent des mèches. Ils les allument et ressortent aussitôt de l'église. Quelques secondes plus tard, la caisse explose. La déflagration est si considérable que les vitraux volent en éclats. Une épaisse fumée noire envahit l'édifice, l'air devient irrespirable. Les femmes et les enfants ont à peine le temps de recouvrer leurs esprits que des salves de mitrailleuses les atteignent. Depuis l'entrée de l'église, les soldats tirent en rafale. C'est la terreur. Des villageoises et leurs enfants se massent contre la porte de la sacristie qui, sous leur poids, vient à céder. Marguerite Rouffanche s'y réfugie en compagnie de ses filles. Mais là aussi, les tirs les atteignent. Marguerite voit ses filles s'effondrer sous ses yeux, l'une après l'autre.

En dehors de la sacristie, les soldats tirent encore. Puis ils amoncellent des fagots et de la paille sur le charnier et incendient l'église. Dans la panique et profitant des volutes de fumée qui la dissimulent, Marguerite se glisse derrière le maître-autel. Elle se saisit d'un escabeau destiné à allumer les cierges pour se hisser jusqu'au vitrail central, soufflé par l'explosion, se jette à l'extérieur et atterrit trois mètres plus bas, à l'air libre. Levant les yeux, elle s'aperçoit qu'une femme l'a suivie. Du haut de la fenêtre, elle lui tend son bébé puis se laisse tomber à son tour. Les Allemands, sans doute alertés par les cris de l'enfant, les mitraillent. Marguerite est grièvement blessée, mais parvient tout de même à fuir dans un jardin voisin. Sa compagne de fortune et son enfant n'ont pas cette chance. La mère et son nourrisson meurent sous les balles allemandes.

La clameur qui s'échappe de l'église est entendue dans tout le village et jusqu'à 2 kilomètres à la ronde. Des habitants cachés derrière le garage Désourteaux, à 50 mètres de là, pensent que l'on égorge des bêtes. L'église, jadis considérée comme un sanctuaire inviolable, a été transformée en lieu de mise à mort. Des flammes s'en échappent de toute part et son clocher s'écroule bientôt dans un terrifiant fracas.

Robert a marché durant des heures. Épuisé, assoiffé, souffrant de multiples blessures, il atteint enfin Martinerie, un hameau situé à 5 kilomètres au nord d'Oradour, et décide de s'y arrêter. La campagne est désormais plongée dans l'obscurité et il est effrayé par tout ce qu'il voit, ou croit voir remuer. Tout au long de sa pérégrination, à chaque détour d'une route, il lui a semblé entendre des bruits de bottes. Il est persuadé que les SS ont investi la campagne et sont prêts à faire feu sur la première ombre croisée.

Son arrivée dans le hameau provoque une salve d'aboiements. Robert sursaute, puis se fige jusqu'à ce que les jappements des chiens s'estompent et que son cœur cesse de battre à tout rompre. Prudemment, il fait alors le tour du bourg, sans croiser âme qui vive. Il se demande si les Allemands n'ont pas, là aussi, tué tout le monde. Mais Robert aperçoit bientôt de la lumière qui filtre par la fenêtre d'une petite maison. Il réfléchit un instant et se risque enfin à frapper à la porte.

Un homme d'un certain âge finit par lui ouvrir. Depuis le seuil de son foyer, il observe le jeune homme qui se tient face à lui. Robert est couvert de sang et de suie, son pantalon est à moitié brûlé.

— T'es dans un bel état ! D'où est-ce que tu sors ? lance-t-il.

— Je viens d'Oradour. Ils ont tué tous les hommes, souffle Robert, à bout de forces.

— Si vous les aviez laissés tranquilles, ils ne vous auraient pas tués ! gronde le villageois.

Robert est interloqué. L'homme le prend sans doute pour un de ces « bandits » de maquisard. Il ne sait quoi répondre, mais aimerait pourtant s'expliquer. Le villageois le fait tout de même entrer dans la cuisine où Robert aperçoit, stupéfait, les enfants Pinède, ses voisins et amis juifs. Jacqueline, Francine et leur petit frère, André, ont survécu. Les filles racontent à Robert qu'ils se trouvaient tous trois dans un pré, à profiter du soleil, quand les SS sont arrivés. Leur père est venu les prévenir qu'il leur fallait se cacher au plus vite. Les trois enfants se sont dissimulés dans un cagibi, sous l'escalier extérieur de l'hôtel Avril. Des heures durant, ils sont restés là sans faire le moindre bruit. Ils ont entendu, tétanisés, les tirs et les détonations, les cris et les hurlements. Une fois le calme revenu, ils se sont risqués hors de leur abri. Le village était en feu et l'épaisse fumée qui emplissait les rues d'Oradour a couvert leur fuite. Sur la route, ils ont croisé une sentinelle SS. Ils se sont vus mourir. Mais le soldat les a finalement laissés passer. Après avoir marché à travers la campagne, ils ont atterri par hasard dans cette maison, tout comme Robert.

C'est à son tour de relater son histoire. En apprenant que tous les hommes du village ont été exécutés, les enfants Pinède fondent en larmes. Leur père était fatalement de ceux-là. « Mais demain, on retrouvera nos mères », jure Robert pour tenter de les consoler. Il a la conviction que les femmes et les enfants ont été emmenés à l'extérieur du bourg afin de ne pas être témoins du massacre.

Jacqueline et Francine s'occupent de Robert, qui fait peine à voir. Elles le lavent du sang séché dont il est maculé et pansent ses plaies. Pendant ce temps, leur hôte est parti faire le tour du hameau et relater le récit, glaçant, de ce qui est arrivé à Oradour. À Martinerie, on avait bien vu, au loin, l'incendie et le panache de fumée. On ne s'en était pourtant pas vraiment préoccupé – sans doute un arpent de forêt était-il en train de brûler. Maintenant que l'on sait réellement ce qui s'est passé, on s'attend au pire. Convaincus que les Allemands vont venir mettre le feu à leurs maisons, les habitants s'organisent. Ils sortent matelas et couvertures et se dirigent vers les champs ou les bois, jugeant plus prudent de dormir dehors ce soir-là.

Durant cette sinistre nuit, Robert tente de chasser de son esprit la vision de ses amis laissés derrière lui. Son instinct de survie l'incite sans doute à se concentrer sur des choses plus positives. Sa sœur aînée était chez elle, au Pouyol, avec son mari et leurs enfants. Trop loin d'Oradour pour être raflée par les Allemands. Son père, il le sait, devait travailler toute la journée à Saint-Victurnien. Lui aussi était hors d'atteinte. Restent sa mère et deux de ses sœurs. Là encore, Robert a la conviction qu'elles ont été menées à l'extérieur du village par les soldats. « Personne n'est mort chez moi, se répète-t-il. Personne n'est mort chez moi. »

À quelques kilomètres de là, le dernier tramway en provenance de Limoges est immobilisé aux abords d'Oradour. Les SS font descendre les passagers avant d'intimer l'ordre au mécano de faire repartir son tram en sens inverse. Il ne pourrait de toute façon pas aller plus loin. Le village est en feu et les transformateurs électriques, alimentant cette partie de la ligne ferroviaire, ont brûlé.

Une vingtaine de personnes sont escortées jusqu'à une ferme préservée des flammes, à l'écart du village. Retenus là durant plusieurs heures, le groupe est tenaillé par l'angoisse. Qu'est-il arrivé à leur famille, leurs amis et voisins ? Et quel sort leur réserve-t-on ? Tous seront bien étonnés d'être finalement épargnés et laissés libres de quitter les lieux avec pour seule consigne de ne pas entrer dans Oradour. Sans se faire prier, ils s'enfuient à travers la campagne.

Bientôt Oradour n'est plus qu'un champ de ruines. Les Allemands ont rempli leur effroyable mission et quittent les lieux, ne laissant derrière eux que quelques sentinelles. À la tombée de la nuit, Jean Hébras, le père de Robert, s'en revient de Saint-Victurnien. Son vélo à la main, il pénètre prudemment dans le village. Le spectacle qu'il contemple est désolant. Des bâtisses brûlent encore, d'autres sont déjà effondrées. Il ne croise pas âme qui vive. Arrivé devant ce qui reste de sa maison, pauvres vestiges fumants, Jean se décide à rebrousser chemin, déterminé à retrouver la seule chose qui lui importe : sa femme et ses enfants.

*

Village martyr d'Oradour-sur-Glane, mars 2021

Assis dans l'encadrement d'une fenêtre de la grange Laudy, Robert reprend son souffle. Pendant plusieurs heures, il a livré son récit sans presque s'interrompre. Face à lui, Agathe reste silencieuse. Le visage grave, elle sonde le regard évanescent de son grand-père. Elle lui laisse le temps de rechercher, au plus profond de sa mémoire, chacun des instants qui composèrent cette funeste journée du 10 juin 1944. Quoi qu'il lui en coûte, il veut lui transmettre cette mémoire, cette partie de lui-même si douloureuse. Agathe le sait, elle en accepte l'augure.

La lumière décline sur les ruines d'Oradour. Il leur faut encore marcher jusqu'à l'église, mais le grand-père et la petite-fille prennent le temps de revenir sur des détails. Robert regrette de ne pas avoir fait le tour du village martyr par l'extérieur. De là, on peut encore voir quelques cachettes de rescapés, l'itinéraire de sa propre fuite à travers la campagne, ainsi que les chemins de traverse qui filent derrière les habitations.

— Parce que, pour se rendre à l'église, les enfants de l'école des garçons ne sont pas passés par le champ de foire. Ils n'y étaient pas ! martèle Robert. Je pense que M. Rousseau, l'instituteur, les a fait sortir par le jardin, derrière. Et puis, il les a menés par une petite rue…

— Par le chemin de la Vie, c'est ça ? demande Agathe.

— Oui, le chemin de la Vie, qui mène directement à l'église en passant derrière les commerces et les maisons. Et Marguerite Rouffanche disait qu'il y avait déjà du monde à l'intérieur quand elle est arrivée. Mais je n'ai pas eu le réflexe de lui demander si c'étaient des enfants. Je n'ai pas eu le réflexe…, répète-t-il en levant les mains, en signe d'impuissance. Elle est morte en 1988. C'était une femme discrète. Elle a très peu parlé du massacre de l'église, très peu… C'était le seul témoin.

Voilà le genre de regret qui pousse sans doute Robert à raconter chacun de ses souvenirs à Agathe. Ce jour-là, malgré le froid, la fatigue et les années, il veut tout dire, ne rien omettre.

Le lendemain matin, Agathe retrouve Robert chez lui. Elle s'inquiète, veut savoir si la journée de la veille n'a pas été trop éprouvante. Robert confesse à sa petite-fille ne pas avoir très bien dormi.

— Avant d'aller me coucher, j'ai repensé à ma fuite. Je me suis demandé : comment ai-je fait pour sortir de là ? Je me suis repassé le film…, dit-il.

À bientôt 96 ans, et bien qu'il n'ait jamais cessé de raconter son histoire, Robert cherche toujours à comprendre comment il a pu survivre à cet enfer.

5

Le dimanche 11 juin au matin, lendemain du massacre d'Oradour, un villageois qui part pour la messe à Cieux se propose d'emmener Robert chez un médecin du village. Le jeune homme a reçu des éclats de balle aux jambes, aux bras et au torse. Il souffre également de graves brûlures au cuir chevelu et au bras. Dans la charrette qui le mène sur les routes pierreuses de Haute-Vienne, il se tord de douleur. Le docteur qui le reçoit désinfecte ses plaies et lui administre une injection antitétanique. Une fois qu'il en a terminé avec son patient, il lui demande de quitter son cabinet sans traîner. « Tu comprends, si les Allemands viennent et te trouvent là… », explique-t-il, quelque peu embarrassé. Alors Robert attend dehors, assis sur un banc au soleil, que la messe se termine. Si ses bandages, fraîchement changés, sont d'une propreté irréprochable, ses vêtements sont toujours maculés de sang.

Au sortir de l'office, on le ramène au hameau. Il y retrouve les enfants Pinède, qui n'ont nulle part où se réfugier. Robert leur propose alors de se joindre à lui. Ensemble, ils iront chez sa sœur aînée, à la ferme du Pouyol. C'est forcément là-bas que sa mère et ses sœurs ont trouvé refuge. Tous les quatre se mettent en route. La petite troupe parcourt péniblement 8 kilomètres à pied, à travers champs. André, le cadet des Pinède, est bien vite épuisé. On le porte à tour de rôle, ce qui ne simplifie en rien le voyage. Quand ils arrivent en vue de la ferme, l'après-midi touche déjà à sa fin.

Là-bas, Robert a la joie immense de retrouver son père. Comme il l'imaginait, Jean s'est dirigé vers le Pouyol après être entré dans Oradour en flammes. Lui aussi avait bon espoir de retrouver son fils. En cheminant vers chez Odette, il a rencontré plusieurs personnes qui battaient la campagne à la recherche de leurs proches. Il a entendu dire que plusieurs hommes avaient réchappé du massacre. « Robert doit être vivant », s'est-il dit. Mais Robert, pas plus que lui, ne comprend pourquoi sa mère et ses sœurs ne sont pas là. Robert répète à son père ce qu'il a déjà dit aux Pinède : elles ont forcément été emmenées quelque part, à l'extérieur du village. Sont-elles retenues en otage ? Ont-elles été déportées plus loin ? Sont-elles blessées ? Les hypothèses se bousculent dans leurs têtes.

Partout dans les hameaux, des parents qui n'ont pas été raflés sont rongés par l'angoisse. Leurs enfants ne sont pas rentrés de l'école. Les rumeurs vont bon train. On assure avoir vu des groupes de femmes et d'enfants sortir d'Oradour dans des véhicules militaires, encadrés par des soldats allemands. Personne n'imagine encore de scénario plus tragique qu'une évacuation. Mais Jean veut en avoir le cœur net. Alors, il se décide à retourner à Oradour. Il enfourche sa bicyclette et part à la recherche d'un indice, d'une trace de vie. Cette fois, les SS ont quitté les lieux, alors il prend le temps de déambuler dans les ruines. Il descend la rue principale, sonde, une à une, les maisons éventrées, et finit par se rendre à l'église. Le choc qu'il éprouve alors est d'une violence inouïe. Il se trouve face à un charnier encore constellé de braises rougeoyantes. L'odeur de la chair brûlée, les corps rongés par le feu, les landaus criblés de balles, les souliers de femmes au sol. Il ne lui faut que quelques secondes pour comprendre que tout espoir est perdu.

Lorsqu'il s'en revient d'Oradour, Jean n'est plus le même homme. Il a perdu deux de ses filles, il a perdu son épouse, et cela dans les pires circonstances que l'on puisse imaginer. Celui qui avait déjà vécu dans sa chair les affres de la Grande Guerre subit de la manière la plus injuste, et la plus cruelle possible, ceux de la Seconde Guerre mondiale. D'ailleurs, peut-on encore parler de guerre lorsque l'on massacre des civils innocents, des femmes, des enfants, des nourrissons ? Face à l'horreur, à l'indicible, Jean se doit pourtant de parler. De retour au Pouyol, il prend Robert à part, et tente de trouver les mots pour lui annoncer l'impensable. Mais Robert refuse d'y croire. « Ta mère et tes sœurs ne reviendront pas ! » insiste Jean avec force. Quand bien même il est lui-même terrassé par la peine, il a vu l'horreur, il sait que le doute n'est pas permis. Mais Robert se raccroche à de maigres éléments, il essaie de se convaincre que le pire n'a pas eu lieu. L'église est trop petite, trop encombrée de bancs et de chaises. Tous n'ont pas pu y entrer, c'est impossible, impossible…

En début de soirée, Marguerite Rouffanche est retrouvée prostrée dans le potager du presbytère. Sa chute depuis le vitrail de l'église, et surtout les tirs d'une sentinelle, qui ont atteint ses jambes, l'ont grièvement blessée. Elle a seulement eu la force de se traîner là et de feindre d'être morte jusqu'au départ des SS. Le lendemain matin, incapable de se relever, elle n'a d'autre choix que d'attendre et d'espérer qu'on vienne la secourir. Le récit de ce qu'elle a vu et vécu met instantanément un terme à toutes les spéculations. L'ensemble des femmes et des enfants d'Oradour ont bien été menés dans la petite église. Et tous y ont péri par le feu et les balles. Pourtant, durant plusieurs jours, certains espèrent encore. Ils attendent de voir leurs enfants franchir le seuil de leur porte, comme l'on attend un miracle. Mais les jours passent et nul ne revient. Il faut se rendre à l'évidence et faire son deuil des êtres aimés, à jamais perdus. Pour Robert, le véritable drame d'Oradour commence ici, au moment où, passé la sidération, la réalité s'impose enfin à lui.

Durant une semaine entière, il est incapable de s'extraire du brouillard de peine et d'effroi dans lequel il s'est abîmé. Traumatisé, il ne vit pas, il survit à peine. Terrorisé à l'idée d'un retour des SS, il ne veut pas dormir à la ferme. Il passe la nuit dehors, caché sous un petit pont de pierres qui chevauche une rigole asséchée, en contrebas de la propriété de sa sœur. Il pleure sans cesse, il est transi de peur.

Sa sœur Odette le fait manger tant bien que mal. Son beau-frère lui prête un costume, afin qu'il se défasse de ses vêtements, irrémédiablement tachés de sang. Les enfants Pinède ne se portent guère mieux. Ils resteront une semaine à la ferme avant d'être recueillis par la communauté israélite de Cieux. Robert a beau être entouré, recevoir la visite de ses rares amis survivants, il n'en est pas moins plongé dans une immense solitude. Finalement, tous sont comme lui, astreints à composer avec une tristesse indicible qui les mure dans le silence.

Il faudra plusieurs jours pour que l'on prenne la mesure de ce qui vient d'être commis à Oradour. Au départ, les Allemands interdisent encore l'accès au village. Le lundi 12 juin au matin, des SS reviennent sur les lieux de leur crime. Ils creusent des fosses, y jettent nombre de corps et les recouvrent sommairement de terre. Cela ressemble plus à une ultime profanation qu'à un enterrement. De toute façon, il est impossible de dissimuler l'étendue des crimes perpétrés par la Das Reich. Ce n'est que dans les heures qui suivront que les constations pourront commencer. Le 13 juin, Mgr Rastouil, évêque de Limoges, se rend sur place. Ce qu'il voit le révolte si profondément qu'il adresse, dès le lendemain, une lettre aux plus hautes autorités occupantes. Ce prélat ami des résistants sera le premier à avoir le courage de dénoncer publiquement le massacre d'Oradour. Le 16 juin, dans la cathédrale Saint-Étienne de Limoges, et en présence de milliers de fidèles, il célèbre une messe en mémoire des victimes. Son valeureux sermon est sans appel :

« Le bourg d'Oradour-sur-Glane a été, samedi dernier 10 juin 1944, le théâtre d'atrocités qui n'ont jamais eu leurs pareilles sur la terre de France, soit en 1914-1918, soit en 1939-1944, et qui sont condamnées au nom de la simple morale naturelle, proclamant qu'il n'est jamais permis de tuer des Innocents, parce qu'ils sont incapables d'injures.

J'ai le devoir de faire connaître à mes diocésains que j'ai exprimé à M. le général commandant les Forces d'occupation, à Limoges, ma douloureuse indignation du fait que l'église d'Oradour-sur-Glane a été souillée par l'exécution, dans ses murs, de centaines de femmes, de jeunes filles et d'enfants, et profanée par la destruction du tabernacle et l'enlèvement de la Sainte Eucharistie, et j'ai demandé qu'une enquête soit menée et conclue dans le sens de la justice et de l'honneur. »[1]

Dans les semaines précédentes, les soldats de la Das Reich avaient exécuté des dizaines de résistants rencontrés sur leur route. Mais à Oradour, aucun résistant n'attendait les SS. Civils, femmes, enfants ont été tués gratuitement. Le crime est trop grand pour qu'il reste sans réaction. Le gouvernement de

1. *Dans l'enfer d'Oradour*, Pierre Poitevin, pp. 134-135, Service des journaux et publications du Centre, Limoges, 1945.

Vichy finit également par protester auprès de l'occupant. Il lui est répondu que le massacre des hommes fut la conséquence d'un combat commencé par les villageois. On assure encore que c'est l'explosion d'un dépôt clandestin de munitions qui a tué les femmes et les enfants réfugiés dans l'église. Tout cela est si invraisemblable que même l'état-major allemand fait mine de diligenter une enquête. Mais la division Das Reich n'est pas plus inquiétée et continue à semer la terreur sur le chemin qui la mène vers le front normand.

Les mouvements de la Résistance viennent à leur tour sur place. Ils font le récit circonstancié de ce qu'il s'est passé à Oradour. Radio Londres diffuse l'information. L'on commence à parler du carnage, bien au-delà des frontières de la région limousine. Jamais un tel massacre de civils n'avait été commis en France durant la guerre, et cela ne peut pas passer inaperçu.

Le 14 juin, des secouristes de la Croix-Rouge arrivent sur les lieux. Il ne s'agit plus tant de porter secours que d'éviter qu'une épidémie se répande. Masques de fortune sur le visage, ils plongent dans l'horreur des charniers et déblaient les restes des décombres du village ravagé. L'étendue du massacre apparaît au grand jour lors de ces opérations. Dans le confessionnal de l'église, on découvre les cadavres desséchés de deux enfants. Sans doute s'y étaient-ils réfugiés, espérant échapper aux balles et aux flammes. On parvient à identifier l'une des deux victimes grâce aux objets retrouvés dans ses poches : un petit canif et une balle. Les SS ont aussi assassiné dans les maisons, les commerces et jusqu'aux abords du village. Un vieillard paralysé est découvert mort, brûlé vif dans son lit. On retrouve même des ossements humains dans l'étouffoir à braises de la boulangerie Bouchoule, des corps dans un puits de ferme, dans divers charniers enfin, creusés à la va-vite par la soldatesque allemande.

Robert et ses quatre compagnons d'infortune échappés de la grange Laudy sont les seuls à avoir survécu au massacre des hommes. Aucun autre n'est sorti vivant d'un des lieux d'exécution. Et les corps identifiables y sont rares. Au milieu des cendres, on collecte des bagues, des montres à gousset, des lunettes brisées. Dans l'enceinte de l'église, ce sont des souliers et des jouets d'enfant qui sont retrouvés par dizaines. Quelques éléments déformés par les flammes et qui permettent, parfois, de mettre un nom sur les victimes. Ici une chaussure qu'on sait appartenir à sa mère ou à sa fille, là une lettre portant l'écriture d'une petite-fille aimée.

Dans la grange Laudy, on exhume le portefeuille d'Henri Bouchoule, le meilleur ami de Robert. On en extrait une photo de Robert légèrement brûlée. On peut l'y voir, tout sourires, coiffé d'un chapeau, à califourchon sur sa bicyclette, au beau temps de l'insouciance. Les survivants de la famille offriront ce cliché à Robert en souvenir de son ami disparu, mort à ses côtés.

Une semaine après le drame, Robert revient à Oradour pour la première fois. Accompagné de son père, il fait une halte dans une ferme indemne, située à l'extérieur du bourg. Le Secours national, organisme de solidarité d'État, s'y est installé afin d'accueillir les survivants. Des infirmières prennent Robert en charge. Elles lui font de nouveaux pansements et lui procurent des vêtements propres : un costume et quelques chemises. Il faut ensuite traverser le village. Revenir à l'endroit du drame n'a rien d'anodin et le choc est terrible. Robert n'en croit pas ses yeux. Le silence et la mort ont pris possession des lieux de son enfance. Partout où se pose son regard, ce ne sont que ruines et désolation. Arrivé aux abords de l'église, il se prépare à y rentrer. Il veut voir, peut-être comprendre, il n'en sait trop rien, toujours est-il qu'il s'apprête à pénétrer dans ce lieu de martyre. Dans un réflexe salutaire, son père le lui interdit.

Tel un somnambule, Robert poursuit son chemin. Il ne semble pas même certain que ce qu'il voit soit bien réel. Comment se peut-il que cette rue, hier encore si familière, soit aujourd'hui ravagée au point de ne plus la reconnaître ? Tout cela n'est-il pas qu'un cauchemar ? Une fois arrivé devant sa maison, il est secoué d'un frisson violent et s'écroule. Tout est vrai, le désastre ne peut plus être nié, l'effroyable réalité lui saute au visage. Il ne reste plus rien de ce qui fut leur foyer. Et personne, jamais, n'y reviendra. Effacés, les souvenirs de sa mère qui coud devant l'âtre, de Denise qui pleure dans son berceau, de Georgette qui chante dans sa chambre. Tout a disparu, comme évanoui dans un orage de fer et de feu. Seul le débarras, à l'arrière de leur demeure, n'a pas brûlé. Robert y pénètre. Son vélo a disparu, mais il retrouve celui de Georgette. Il s'en saisit comme l'on se saisit d'une relique. De sa vie d'antan, tout est parti en fumée, seul demeure cet unique et dérisoire vestige. Le drame d'Oradour est sans fin. Les rares survivants devront vivre à jamais avec le souvenir traumatisant du déchaînement de violence dont ils ont réchappé. Ils devront faire le deuil de leurs amis, de leurs parents. Ils devront enfin affronter la disparition de leur univers familier : la perte de tous leurs biens et souvenirs, de leur maison, de leur village, du décor même de ce qui fut, jusqu'alors, leur existence.

On fait le compte des quelques rescapés. Parmi les copains de Robert, André Désourteaux et Aimé Darthout étaient à Limoges. Paul Doutre est resté caché dans l'atelier de son père et a réussi à prendre la fuite quand les flammes ont gagné les lieux. Martial Brissaud, qui avait abandonné Robert en voyant les SS arriver, est également parvenu à quitter sa cache, le soir venu. Bien que très mal en point, Marcel Darthout a été retrouvé vivant, dissimulé dans les buissons où Robert l'avait laissé. Ses autres compagnons de fuite, Mathieu Borie, Clément Broussaudier et Yvon Roby, tous habitants des hameaux d'Oradour, ont pu rejoindre leurs foyers, sains et saufs.

Le petit Roger Godfrin, qui s'était sauvé de son école à l'arrivée des soldats, a miraculeusement réchappé à des tirs de mitrailleuse durant sa fuite à travers champs. Martial Machefer, qui avait feint de partir à la pêche, s'en est également tiré. Hubert Désourteaux, l'un des fils du maire, s'est caché avec trois autres personnes dans le jardin de son garage, où les SS ont tué des hommes. Ils ont tout entendu, les tirs, les cris et le fracas des toitures dévorées par les flammes, s'effondrant une à une. Ils ont attendu que la nuit soit tombée pour s'échapper de cet enfer. En tout et pour tout, ils ne sont pas plus d'une trentaine à avoir réussi à survivre au raid sanguinaire des SS. Mais, d'une manière ou d'une autre, aucun n'en est ressorti indemne. Tous portent le deuil. Car les morts sont innombrables. Lorsque l'on parvient enfin à un décompte définitif, le résultat donne le vertige. Le 10 juin 1944, les SS ont massacré 643 personnes à Oradour-sur-Glane. Des femmes, des enfants, des vieillards et des hommes. La liste des drames intimes qui en découlent est interminable. Des familles entières sont décimées et, dans certains hameaux, on n'entendra plus avant longtemps résonner le rire d'un enfant.

Tous les visages familiers de l'enfance de Robert viennent de disparaître dans des circonstances qui dépassent sa compréhension. En silence, recroquevillé dans la rigole terreuse qui lui sert désormais de couche, il pleure les siens. Marie, 51 ans, Georgette, 23 ans, Denise, 9 ans. Sa chère petite sœur aux joues rondes, qui avait la vie devant elle. Quel genre d'homme faut-il être pour tuer des femmes et des enfants ? Tout se bouscule dans sa tête, mais rien ne fait sens. Non, aucune n'avait l'âge de mourir. Et sans elles, Robert ne se sent pas la force de vivre. À cette peine indicible vient s'ajouter le fait que son quotidien d'antan, son foyer ont disparu. Il a la sensation d'errer tel un chien perdu. L'avenir lui paraît vertigineux, le deuil impossible. En quelques heures, avec une brutalité inouïe, l'adolescent insouciant s'est mué en un homme à jamais meurtri.

Deuxième partie

Les petits cailloux

6

Le 29 juin 1944, moins de trois semaines après le drame, Robert n'est pas d'humeur à fêter ses 19 ans. Le regard vague, il examine son brassard bleu blanc rouge, frappé des lettres FTP. Autour de lui, la guerre a continué et l'a contraint à sortir de sa torpeur.

Des résistants sont venus chez sa sœur, au Pouyol, l'informer que des miliciens étaient à sa recherche. Au garage de Limoges, son chef d'atelier a reçu la visite des hommes aux bérets noirs. Ils voulaient savoir si « le jeune Hébras » avait repris le travail. Il faut dire que les identités des survivants d'Oradour ont circulé à travers le Limousin, car tout le monde cherche des nouvelles de ses proches. Mais, pour les nazis, il s'agit de convaincre les civils que les seuls terroristes sont les résistants. Personne ne doit pouvoir témoigner de la réalité d'Oradour, et Robert n'est plus en sécurité.

Sans grande conviction, mais animé par le désir de se venger, il rejoint le maquis voisin des collines des monts de Blond. En compagnie d'André Désourteaux, il part avec ses quelques effets, le vélo de Georgette, les vêtements du Secours national, direction un cantonnement de fortune. Les résistants se sont établis dans un discret hangar en tôle, à l'abri d'arbres, derrière l'étang de Fromental, à une dizaine de kilomètres au nord d'Oradour. Comme nombre de ses camarades, Robert a la sensation de s'engager dans une entreprise qui le dépasse. Certains, encore plus jeunes que lui, ont rejoint le groupe en réaction au massacre ou pour éviter le STO. Ils sont encadrés par des résistants plus aguerris, mais peu bavards. Dans un premier temps, ils n'ont pas de grandes actions à mener. Il n'y a d'ailleurs pas d'armes au campement, hormis un petit revolver et un fusil de chasse.

Les lettres FTP. ne signifient pas grand-chose pour la nouvelle recrue – « Franc-tireur et partisan, Robert ! » lui explique un de ses aînés. Il n'est pas plus avancé, mais ne dit rien. Le groupe dispose d'automobiles, mais bon nombre d'entre elles sont en panne. Alors, mettant son expérience à profit, Robert se charge des réparations et de l'entretien, avec beaucoup d'application. Il préfère ne pas penser à ce qu'il pourrait avoir à accomplir d'autre dans les rangs de la Résistance. Il est nourri, logé, ne pose pas plus de questions. Les choses vont ainsi jusqu'aux alentours du 14 juillet, date à laquelle le réseau reçoit enfin des armes. Robert et André se voient attribuer un fusil en pièces détachées.

— Toi, tu es mécano. Toi, tu as fait de l'anglais. Alors montez-moi ça ! leur intime un supérieur.

Les voilà équipés, prêts à faire des tours de garde autour du hangar. Quant aux chefs, ils patrouillent toute la nuit à bord de leurs tractions, guettent l'ennemi. Peu à peu, les choses prennent une tournure concrète.

Le 7 août, Robert et ses camarades font le guet sur un rocher de l'étang de Fromental, lorsqu'une jeune femme vient les avertir qu'un camion d'Allemands est entré dans Cieux. L'armée ennemie tente d'écraser le maquis limousin. C'est le moment d'attaquer. Les résistants partent aussitôt à pied, abandonnant tout derrière eux. Sans doute informés de leur présence, les Allemands investissent leur cantonnement dans la demi-heure. Ils mettent tout à sac et jettent tout ce qu'ils trouvent dans l'étang. À quelques minutes près, Robert et ses comparses étaient fusillés sur place.

Persuadés d'avoir une longueur d'avance sur leurs ennemis, les résistants veulent les prendre par surprise à Cieux. Ils progressent dans des fossés, à travers la campagne, bien décidés à se battre. Ça, c'est la guerre, pense Robert. Lui qui baignait dans l'insouciance de son village il y a encore quelques semaines s'accroche désormais fermement à son fusil, guettant un éventuel ennemi qu'il tiendrait pour responsable de la mort des siens. Une cible, un tir et ce serait la vengeance… Il s'en convainc pour ne pas trembler. Or les Allemands sont bien préparés et, à Cieux, ce n'est pas un camion qui les attend, mais plusieurs. Les résistants sont accueillis par la mitraille. Les balles sifflent, les hommes tombent, pris dans l'embuscade.

Robert et André plongent dans un ruisseau, qu'ils remontent tant bien que mal, debout, couchés, à la nage, pour échapper aux tirs. Sans regarder derrière eux, ils avancent jusqu'à ne plus entendre de détonations. Ils arrivent bientôt dans un hameau qui semble parfaitement paisible. Un vieillard, assis sur un banc, les observe. Ils sont trempés, couverts de boue et tiennent leurs fusils à la main. L'homme, qui n'a pas besoin d'explication pour comprendre ce qu'ils font, les met en garde :

— Vous feriez mieux de faire attention. Il y a une dizaine de Boches qui sont descendus par ici, il n'y a pas un quart d'heure.

Pétrifiés, Robert et André dissimulent leurs armes dans des bosquets et partent, les mains dans les poches, se réfugier au Pouyol. Ce n'est qu'à la nuit tombée que Robert retourne, prudemment, chercher son fusil.

Ce jour-là, Robert n'a pas tué. Mais il a vu la mort en face une seconde fois. Neuf résistants de son groupe ne sont pas revenus. C'est pour lui une nouvelle prise de conscience de la folie de la guerre. Son campement saccagé, il se retrouve, à nouveau, sans rien.

Quelques semaines après cette déroute, la chance semble enfin avoir changé de camp. Le 21 août 1944, Limoges est libérée. Trois jours plus tard, c'est au tour de Paris d'être délivré des Allemands. Si la victoire n'est pas encore complète, elle est de plus en plus proche. Mais Robert a du mal à se réjouir, tant cette guerre lui aura coûté. Sans nulle part où aller, il décide de s'engager dans l'armée contre quelques sous et intègre un régiment d'infanterie où, comme au garage de Limoges, il prépare des voitures à destination du front. Mais, cette fois, il le fait avec enthousiasme. Car ce ne sont plus les véhicules ennemis dont il s'occupe, mais ceux des Alliées qui, en Normandie, combattent les nazis et la 2e division SS Das Reich, qui a frappé à Oradour.

En janvier 1945, la France connaît l'un de ses pires hivers. Les températures sont glaciales, les routes gelées. On manque de tout et l'on bourre ses souliers de papier journal pour sortir se joindre aux longues files d'attente devant des magasins presque vides. C'est à ce moment-là que Robert prend la direction de l'Ouest avec son régiment. Sur les routes enneigées, l'essence, fournie par les Américains, se fige dans le réservoir. Il faut une journée entière pour rejoindre Poitiers. De là, ils partent pour la Bretagne. Robert sera cantonné à Redon ou à Vannes, non loin de Lorient et de Saint-Nazaire, où les soldats allemands résistent encore. Il intègre bientôt un régiment du train qui sert d'appui logistique aux divisions d'infanterie américaines. Il y effectuera différentes tâches, s'occupera du ravitaillement, de conduire des officiers, ou, là encore, de réparer des voitures.

C'est l'armée britannique qui a, en grande partie, habillé le maquis. Alors Robert porte l'uniforme anglais : blouson et pantalon à poches kaki, calot sur la tête. À son arrivée en Bretagne, il découvre les rations américaines. Incapable de déchiffrer l'anglais des étiquettes, il perce les boîtes au couteau, goûte prudemment avant de se lancer. Il tombe tantôt sur des cornichons, tantôt sur ce qui ressemble à du poulet. Mais tout est sucré et terriblement écœurant. Pendant six mois, il ne mange que des conserves ou des produits déshydratés, comme les œufs en poudre. Il trouve parfois un paysan du cru, tout heureux de troquer un bout de cochon ou de poulet contre l'une de ces rations exotiques.

Question mécanique, l'armée est une bonne école pour Robert, précisément parce qu'il n'a personne pour le guider ou le superviser. À chaque voiture confiée, c'est à lui de se débrouiller pour trouver la panne et la réparer avec le peu de pièces et de matériel à disposition. Il devient un orfèvre de la mécanique, capable de réaliser des prouesses avec trois fois rien.

Mais cela ne lui suffit pas. Par deux fois, il demande sa mutation dans la première armée. Il en a assez d'être en arrière-ligne. Il veut monter au front et, véritablement, combattre. Son commandant, qui connaît son histoire, lui remet les idées en place : « Tu n'as pas compris encore ? Tu n'en n'as pas eu assez ? Tu es là, tu y restes ! » Jusqu'à la fin de la guerre, il rongera son frein, se contentant de réparer et de conduire des voitures.

Parmi les autres soldats, à Redon, il se fait quelques amis. Il découvre de nouveaux loisirs, comme le volley-ball, sport auquel ils jouent tous ensemble, avec leur commandant, sur un court de tennis abandonné. Une ficelle, sommairement tendue d'un bout à l'autre du terrain, fait office de filet. Comme des enfants, ils éclatent de rire quand la balle atterrit sur le crâne chauve de leur supérieur. Ces instants ont le goût de ces dimanches à Oradour, où il suffisait de deux piquets et d'un ballon de foot pour être heureux.

Un jour, une commerçante aisée de Redon se présente au poste de commandement. Elle veut devenir marraine de guerre, soutenir un soldat sur ce front qui s'éternise. « J'ai quelqu'un pour vous », lui répond sans hésiter le commandant de Robert. Dès lors, le jeune homme va régulièrement dîner en ville, chez cette femme bienveillante et son mari. Ils l'accueillent avec chaleur, comme leur propre fils. Dans leur logement moderne, Robert découvre avec étonnement son premier réfrigérateur et toutes sortes de petits luxes inédits. Il ne tarde pas à se confier, à raconter son histoire et des liens se nouent bien vite. Avec eux, il occupe son temps libre au casino ou au théâtre. Et c'est autant de découvertes pour Robert. Mieux encore, lors d'une permission, il se rend à Paris. Il ne peut résister à l'idée de grimper au sommet de la tour Eiffel. Avant de redescendre, une bourrasque emporte son calot vers un horizon indéfini. Y perçoit-il un signe ? Au creux du ventre, Robert porte toujours une douleur vive, inapaisable. Elle resurgit à chaque soubresaut du quotidien, lors de chaque nuit difficile. Mais depuis six mois, il découvre un monde qui lui paraît vaste, infini.

Rien ne pourra ramener sa mère et ses sœurs, il le sait. À l'armée, cependant, il se sent parfois de nouveau heureux. C'est la première fois depuis le drame. Ce qu'il cherchait au fond, dans cet engagement, des collines du maquis aux poches de Saint-Nazaire et Lorient, c'était sans doute plus une famille qu'une revanche. Cette aventure dans laquelle le destin l'a jeté l'aide, peu à peu, à retrouver l'envie de vivre.

7

Le 8 mai 1945, après dix mois d'un combat acharné dans la Poche de Lorient, les Allemands finissent par se rendre et signent un cessez-le-feu. Robert contemple les ruines d'une ville qui, jadis, avait dû être belle. Il pense à son village. Les nazis ont été faits prisonniers, leur matériel a été saisi. Le jeune mécano a hérité d'un camion soviétique ramené par la Wehrmacht du front de l'Est. Le même jour, à Berlin, le IIIe Reich capitule enfin, après six ans d'un conflit qui laisse la France exsangue.

À Paris, à l'annonce de la victoire, la foule a descendu les Champs-Élysées, le cœur léger. En Europe, la fin de la guerre a enfin sonné. De l'autre côté du globe, c'est une autre histoire. En août, les États-Unis bombardent les villes japonaises de Hiroshima et de Nagasaki en faisant usage de l'arme atomique. Une première glaçante, qui ne présage rien de bon pour l'avenir. Robert est déstabilisé par ces événements qui continuent de tuer des civils par milliers. Ce n'est que le mois suivant, en septembre, alors que le Japon capitule à son tour, qu'il est enfin démobilisé. L'armée lui propose de rester dans ses rangs et d'intégrer une école de mécanique à Paris. Mais Robert veut rentrer chez lui, dans son Limousin natal. Il sait qu'il est enfin prêt à y retourner.

Depuis son départ, Oradour a tenté, tant bien que mal, de panser ses plaies. Rien ne peut justifier ce carnage. Mais l'on cherche tout de même à comprendre. Pourquoi ce village, précisément, a-t-il été la cible des SS ? Pourquoi y commettre ce qui apparaît désormais comme le plus grand massacre de civils de la Seconde Guerre mondiale en France ? Des hommes de la division Das Reich ont été faits prisonniers, l'enquête suit son cours.

En juillet 1945, 637 victimes ont été officiellement recensées par le tribunal de Rochechouart, dont plus de 450 femmes et enfants[1]. Seules 52 personnes ont pu être formellement identifiées, tant le feu a ravagé les corps retrouvés. Un jugement déclaratif de décès a été rendu pour les disparus. La victime la plus âgée est une grand-mère de 90 ans. La plus jeune, un bébé qui n'avait pas une semaine. Toutes portent, inscrite sur leur extrait d'acte de décès, la mention « mort pour la France ». Les survivants ont créé une première association à l'automne 1944. Dès 1945, elle est remplacée par l'Association nationale des familles des martyrs d'Oradour.

Durant les mois qui ont suivi le drame, les routes ont été déblayées des briques et des pierres qui tombaient des maisons branlantes. Des tasseaux de bois et des étais de fortune ont été posés sur les parties les plus endommagées de l'église. Mais, dès le 28 novembre 1944, le Gouvernement provisoire de la République française choisit de conserver les ruines en l'état. Et le 4 mars 1945, c'est le général de Gaulle lui-même qui scelle le destin du bourg. Après avoir défilé dans les rues de Limoges sous les acclamations de la foule, le héros de la

1. Six jugements déclaratifs de décès ont ensuite été rendus entre 1946 et 2019, portant le nombre de victimes à 643.

France libre se rend dans les ruines d'Oradour. Il rencontre certains rescapés, retrace le parcours meurtrier de la division Das Reich, et se rend au cimetière. Les restes des martyrs ont été réunis dans une fosse commune et le général de Gaulle y dépose solennellement une plaque commémorative.

Les ruines du village ont déjà un aspect de sanctuaire. Devant les lieux d'exécution, des barrières en bois ont été érigées. On y a cloué des panneaux, sur lesquels on peut lire, inscrit en lettres capitales :

ICI LIEU DE SUPPLICE
RECUEILLEZ-VOUS

Aux entrées du bourg, d'autres panneaux portent l'indication suivante :

SOUVIENS-TOI
REMEMBER

Cet impérieux appel au souvenir est tout l'enjeu de la présence du général de Gaulle. Alors que la guerre se termine, il affirme sa volonté de laisser les lieux tels quels, dans leur état de destruction, et de construire un nouveau bourg à côté. « Oradour-sur-Glane est le symbole des malheurs de la patrie, déclare-t-il dans son discours. Il convient d'en conserver le souvenir car il ne faut plus jamais qu'un pareil malheur se produise. »[1]

Oradour ne sera dès lors plus un simple village, mais un symbole de la barbarie nazie.

Tandis que le bourg de son enfance est érigé en sanctuaire de la mémoire, Robert, qui a tout juste 20 ans, tente d'oublier. À son retour dans le Limousin, il rend d'abord visite aux siens.

1. Sarah Farmer, *10 juin 1944 : Oradour, Arrêt sur mémoire*, Perrin, 2007.

À sa sœur, puis à son père qui, après avoir vécu un temps au Pouyol, s'est installé dans une ferme des environs. Il y est logé et nourri en contrepartie de l'aide qu'il fournit, comme au temps de sa jeunesse, alors qu'il était métayer. Tous se retrouvent avec plaisir, mais se gardent bien d'évoquer Oradour.

Robert retourne ensuite à Limoges. Il loue une chambre dans une pension de famille et, avant de trouver quelque chose de plus durable, reprend son poste de mécanicien au garage de la rue Bobillot. Il partage ses soirées chez des amis rencontrés au front ou au cinéma. Il tente, en somme, de reprendre le fil d'une existence foudroyée un an plus tôt. De temps en temps, il retrouve Paul, André, Martial, Aimé, ses copains d'enfance, mais les choses ne sont plus comme avant. Inexorablement, la vie les éloigne.

Avec les 1 000 francs touchés lors de sa démobilisation, Robert s'offre une vieille moto qu'il retape lui-même. Il a pris goût à conduire le deux-roues à l'armée et il est capable de réparer l'engin dont les pièces sont difficiles à trouver. Le dimanche, un copain à l'arrière de sa monture, il va parader auprès des filles qu'il retrouve au bal. Pour la première fois, il goûte au plaisir de ces fêtes populaires, se laisse porter, sans plus penser au douloureux passé ni à l'avenir incertain.

« Robert, il faut qu'on aille boire un coup chez un vigneron de Peyrilhac. Il y a une belle fille ! » lui lance, un jour, son acolyte de bal. Les deux compères partent à moto en direction de Peyrilhac, au nord d'Oradour. La jolie fille s'appelle Yvonne Debelleix et ses yeux bleus vont faire chavirer Robert. Huit jours plus tard, il la retrouve lors d'un bal, danse avec elle, lui fait la cour, l'emmène à moto sur les belles routes sinueuses du Limousin. Yvonne est dotée d'un tempérament affirmé et singulier, Robert est séduit. Ils se revoient plusieurs fois, dansent, font la fête et, finalement, tombent amoureux.

Le jeune couple se marie en 1947. Ils s'installent à Peyrilhac, chez les beaux-parents de Robert. Tout pourrait aller pour le mieux, si ce n'est que la guerre froide laisse craindre un nouveau conflit et que Robert est toujours mobilisable. Durant deux ans, il laisse tomber la mécanique pour apprendre, auprès de son beau-père, le métier de distillateur. Mais cela ne le passionne guère et il ne tarde pas à se remettre en quête d'un avenir professionnel. À Saint-Victurnien, tout près d'Oradour, un garagiste cherche justement un spécialiste des moteurs Diesel. Robert y travaille quelque temps, avant que le destin ne le ramène dans le village de son enfance.

Quelques mois plus tôt, en mai 1946, une loi spéciale a rendu la sanctuarisation d'Oradour officielle : les terrains et les ruines du bourg ont été transférés à l'État et l'ensemble a été classé au titre des monuments historiques. Il a également été établi, conformément à la volonté du général de Gaulle, qu'Oradour devra être gardé « dans le meilleur état de destruction possible ». Tous les propriétaires de l'ancien bourg ont été expropriés. Ils vont se voir attribuer une maison dans le village moderne, que l'on veut « modèle », et dont la construction a été jugée « d'utilité publique et urgente » par cette même loi. Il doit sortir de terre d'ici quelques années, tout à côté de l'ancien bourg, dans les prés où, jadis, Robert allait cueillir des cerises. En attendant, des baraquements en bois ont été installés derrière les maisons éventrées d'Oradour, à quelques pas du cimetière. C'est ainsi que les vivants côtoient les morts. On va encore chercher l'eau dans le village martyr, et le tramway, dont le trafic a été rétabli, traverse à nouveau le bourg. À l'approche d'Oradour, les passagers ont pris l'habitude de faire silence. Les trams cheminent dans ce qui fut la rue principale. La traversée est glaçante. L'endroit, jadis si vivant, est désormais fantomatique, et l'air, empreint de cette odeur de brûlé qui demeurera durant des années encore.

En 1947, la première pierre du nouveau village est posée par le président Vincent Auriol. Robert, qui possède tous les permis de conduire, est embauché pour aller chercher, dans les carrières voisines, les moellons nécessaires à sa construction.

Jean Hébras est le premier de la famille à s'installer dans les baraquements. Il est bientôt rejoint par Robert et Yvonne. Dans ces logements de fortune, habités par des familles meurtries, un petit Oradour semble renaître. Marguerite Rouffanche s'y est établie après avoir passé un an à l'hôpital. Louise Compain y a ouvert une pâtisserie, prenant la suite de son père, assassiné par les nazis. Le premier bébé des « baraques » voit le jour en 1946. C'est une petite fille. Elle est née d'un couple miraculé, resté caché dans les jardins du garage Désourteaux lors du massacre du 10 juin et dont le premier enfant a péri dans l'église.

Aux yeux de Robert, la vie paraît plus confortable dans ces maisons temporaires, où l'on a l'eau et le chauffage, que dans les maisons de l'ancien bourg. On se concentre sur ce que l'on possède, même si cela paraît bien peu face à ce que l'on a perdu.

Les années passent, la France se relève avec peine des outrages de la guerre. Des villes ont été rasées de la carte par les bombardements. On les reconstruit. Des destins ont été brisés. On tente de se reconstruire. Durant l'hiver 1945, tandis que l'on libère les camps de concentration et dévoile l'existence des camps d'extermination, le grand public découvre, effaré, l'horreur qui se cachait derrière les déportations. Dès lors, que doit symboliser Oradour, au milieu de tous ces charniers ? Par la volonté, au plus haut sommet de l'État, de figer le village martyr dans le temps, il revêt un rôle à part, surtout dans ce contexte de guerre froide. Les commémorations prennent alors une tournure politique. À l'occasion du cinquième anniversaire du drame, des caravanes entières convergent vers Oradour à l'appel du Parti communiste. Frédéric Joliot-Curie, Willy Ronis, Louis Aragon ou encore Elsa Triolet sont autant d'artistes et d'intellectuels, compagnons de route du PC, à faire le voyage. Aragon écrit, à cette occasion, un poignant poème intitulé, *La Chanson de la caravane d'Oradour* :

Nous n'irons plus à Compostelle
Des coquilles à nos bâtons
À saints nouveaux, nouveaux autels
Que nos caravanes s'avancent
Vers ces lieux marqués par le sang
Une plaie au cœur de la France
Y rappelle à l'indifférence
Le massacre des Innocents.[1]

Conformément au vœu du Gouvernement provisoire du général de Gaulle, les ruines deviennent un lieu de pèlerinage. On vient s'y recueillir, en souvenir des martyrs de la nation.

En 1953, après six ans de travaux, le nouveau bourg est terminé. Des maisons modernes, aux toits couverts de tuiles du Limousin, s'alignent en contrebas des ruines. La configuration de l'ancien village a été peu ou prou restituée. L'emplacement

1. *Mes caravanes et autres poèmes, 1948-1954*, Louis Aragon, Seghers, 1954.

de l'église et du nouveau champ de foire est, par exemple, identique. Mais les maisons sont distribuées un peu différemment. La vie n'est pas orientée vers les ruines et il ne s'agit pas de reconstruire des lieux semblables à ceux où sont morts tant d'innocents.

Une grande salle de réception a été aménagée à l'étage de la mairie pour accueillir des cérémonies. On a également bâti une nouvelle école de bonne taille, alors même que les enfants sont peu nombreux dans les baraquements. Une manière de parier sur la renaissance prochaine d'Oradour.

Autour du village martyr, un mur d'enceinte est bientôt construit. Dans ses rues, le tramway n'y circule plus. Dans le cimetière, un mémorial destiné à accueillir les cendres des victimes est érigé. Le site est sanctuarisé pour de bon.

Robert se concentre sur son avenir. Une envie l'anime désormais : devenir son propre patron. Mettre son histoire de côté. Être un homme comme les autres. Il se décide à aller de l'avant, coûte que coûte. Il troque sa moto contre une Citroën traction avant et ouvre son garage dans le nouveau bourg. Il ne possède rien d'autre que son savoir-faire et quelques outils, généreusement prêtés par son ancien patron de Limoges. « Tu prends ce dont tu as besoin et tu me les rends quand tu peux », lui a dit l'homme. Robert n'a aucune expérience de la gestion d'un commerce. À 27 ans, il est un angoissé de nature et tremble à l'idée de tout perdre, du jour au lendemain. Mais, contre toute attente, le travail afflue et les affaires tournent. Ce sont les Trente Glorieuses, l'ère de l'automobile triomphante, si bien mise en scène dans les films de Jacques Tati. Sur sa traction avant, Robert apprend à Yvonne l'art encore nouveau de la conduite. Yvonne deviendra ainsi la monitrice de l'auto-école qu'ils adjoindront bientôt à leur affaire.

Le village moderne se peuple doucement de ces hommes et de ces femmes marqués par le drame. Jean Hébras emménage bientôt chez son fils, ce dernier s'étant assuré qu'il aurait un lopin de terre à cultiver. Cinq autres couples emménagent dans la rue principale, à l'extrémité sud du bourg. En face du garage Hébras s'installe Martial Brissaud, l'ami d'enfance de Robert. Il a épousé la fille d'un carrossier et le devient à son tour.

Plus loin dans la même rue, près de la nouvelle mairie, le bourg est encore désert. Certaines maisons resteront fermées durant des années, faute de retrouver les héritiers lointains des disparus d'Oradour. La vie met du temps à reprendre ses droits et il faut attendre la fin des années 1950 pour que l'on accepte de construire une salle des fêtes. Elle sera inaugurée après une campagne de promotion dont le slogan, « le droit à la vie », a été lancé par Robert Lapuelle, le médecin local, tout juste élu maire du village. Avec patience et bienveillance, il fait cheminer son idée dans les esprits meurtris du village. Des enfants sont nés dans les baraquements, ils grandissent, ils doivent s'épanouir sans porter sur leurs épaules le poids de ce deuil. Dans un même esprit, une nouvelle équipe de foot est créée. Elle s'arrêtera en 1954 – il faudra attendre une nouvelle génération pour pouvoir en reconstituer une, en 1964. Mais l'organisation de fêtes et de bals reste une question délicate. Certains anciens ne supportent pas l'idée que l'on s'amuse si près de là où ont souffert et sont morts leurs proches. L'équilibre est délicat à trouver.

Avec les années, Robert devient le garagiste attitré du village et de ses environs. Toujours sur le pont, il est tout à la fois mécanicien, pompiste, dépanneur, moniteur d'auto-école, taxi et, parfois, ambulancier. Qu'il s'agisse d'emmener à la maternité une femme sur le point d'accoucher ou de remplacer le boulanger dans sa tournée matinale, on sait que l'on peut compter sur lui – il ira même jusqu'à ravitailler le fleuriste local, en allant chercher sa marchandise à Nice. Robert se laisse totalement absorber par sa tâche. Du lundi au dimanche, il ne porte que son bleu de travail, sans doute sa manière de ne plus penser au passé. Robert et Jean vivent ensemble, se voient tous les jours, sans jamais évoquer le massacre. Le deuil se passe en silence et, pour tenter de chasser la peine, on fait mine de ne plus penser aux morts.

Robert ne dit rien, mais n'oublie rien non plus. Pas un jour ne passe sans qu'il ne pense aux siens. Sans que les derniers visages vus sur le champ de foire ou l'ultime regard de sa mère ne viennent le hanter. Chaque fois que la date du 10 juin approche, il sent son cœur se serrer, comme pris dans un étau. Souvent, en bricolant ses moteurs, il repense à son ami Henri. Il se demande ce qu'il serait devenu, lui qui était promis à un brillant avenir. Avocat ? Médecin ? Tant de possibilités s'ouvraient à lui… Il songe à ses sœurs aussi, les imagine mariées, avec des enfants. Il se demande enfin ce qu'aurait été sa propre trajectoire, si elle n'avait pas été brisée par le drame. Pourquoi moi, et pas eux ?

8

« Ici Frédéric Pottecher, envoyé spécial de *Paris vous parle*, qui vous téléphone depuis le tribunal militaire de Bordeaux ! Le plus douloureux des procès de l'après-guerre a commencé cet après-midi… » La voix tonitruante du chroniqueur judiciaire de la RTF et ancien comédien résonne dans le transistor du garage d'Oradour. Nous sommes le 12 janvier 1953, il est 19 h 30. Robert se tend et augmente le volume. Il ne veut pas rater un mot du récit radiophonique de cette première journée d'audience. Tout à ses affaires, il a jusqu'alors suivi l'instruction de loin. Mais il attend avec impatience la condamnation des bourreaux de sa famille. Et, même s'il les craint, il veut entendre les mots qu'ils auront choisis pour tenter de justifier l'injustifiable.

Huit ans et demi après le drame, le procès de vingt et un soldats ayant pris part au massacre d'Oradour-sur-Glane s'est donc enfin ouvert devant le tribunal militaire de Bordeaux. Pendant ces longues années d'attente, chaque représentant de l'État, en visite dans le village, a répété à l'envi que la sentence serait à la hauteur du crime. « Justice sera faite ! » avait promis, six ans plus tôt, le président Vincent Auriol aux familles de victimes. Mais, aux yeux des membres de la communauté d'Oradour, la justice a trop tardé. En signe de protestation, la municipalité est allée jusqu'à refuser la croix de la Légion d'honneur que voulait lui remettre l'État en 1949. Il est désormais temps qu'un verdict soit rendu.

L'enquête a été délicate. Après avoir déterminé qui serait apte à juger, il fallait surtout déterminer qui serait jugé. Cette question difficile a animé les esprits et retardé l'ouverture du procès. La division Das Reich a subi de lourdes pertes sur le front normand, nombre des hommes qui la composaient sont morts. D'autres ont disparu dans la nature, parmi lesquels certains ont été localisés, mais jamais extradés.

L'homme qui dirigeait les opérations du 10 juin à Oradour, le redoutable Obersturmbannfürher Adolf Diekmann, a été tué par un tir de char, le 29 juin 1944, dix-neuf jours après le massacre. Le général Heinz Lammerding, qui commandait la division, est rentré en Allemagne après la défaite. En son absence, un tribunal français l'a condamné à mort par contumace pour le massacre de Tulle. L'homme de 48 ans coule des jours paisibles à Düsseldorf, où il a ouvert une entreprise de travaux publics. D'autres haut gradés, comme le capitaine Otto-Erich Kahn ou le sous-lieutenant Heinz Barth, sont portés disparus. Si bien que, parmi les vingt et un hommes qui comparaissent à Bordeaux, on compte un sous-officier et un adjudant, mais aucun officier supérieur.

Reste encore un point particulièrement sensible. Parmi les accusés présents, quatorze sont des Français d'origine alsacienne. Un seul s'est enrôlé volontairement. Les treize autres sont des « Malgré-nous », des hommes incorporés de force dans les troupes allemandes et contraints à combattre contre leur propre pays. Cette incorporation forcée a été officiellement reconnue comme crime de guerre – tout comme le massacre d'Oradour.

Dès lors, comment juger pour crime de guerre des victimes d'un autre crime de guerre ? Alors que l'heure est à la réconciliation nationale, le procès s'annonce tendu.

À Oradour, l'événement réveille une mémoire douloureuse. Robert conserve au creux de lui un espoir de justice. Mais il préfère le taire tant il craint d'être déçu.

Les débats durent vingt-sept jours. Le procès étant militaire, la constitution de partie civile est impossible. Les rescapés et familles de victimes sont entendus comme témoins. En dehors des jours où ils sont convoqués à la barre, ils sont représentés par l'Association nationale des familles de martyrs d'Oradour. Pour espérer assister à l'audience, il faut jouer des coudes. Il y a bien quelques bancs réservés au public, mais ils ne peuvent accueillir, tout au plus, qu'une trentaine de personnes. Or, une centaine de mères endeuillées – les « mères au front blanc d'Oradour-sur-Glane », comme les nomme l'envoyé spécial du *Figaro,* Pierre Scize – s'y massent chaque jour. Elles sont entièrement vêtues de noir et ont pour seul espoir d'entendre les bourreaux avouer.

Fréquemment, au volant de sa traction, Robert fait la route jusqu'à Bordeaux. Parfois seul, parfois en compagnie d'autres habitants du bourg, à qui il sert de taxi. Veste de cuir noir par-dessus son costume, il patiente dehors, dans le froid de janvier, discute avec d'autres familles d'Oradour qui, comme lui, attendent aux abords du palais de justice. De retour chez lui, chaque soir, il écoute la radio.

Les murs de la salle d'audience, « la plus étroite et la plus incommode qu'on ait jamais vue »[1], ont été recouverts de plans et de cartes d'Oradour et de ses environs. On peut y voir tous les déplacements effectués par la division Das Reich.

1. *Paris vous parle,* Frédéric Pottecher, 12 janvier 1953, INA.

Une trentaine d'avocats et une quarantaine de journalistes, français et étrangers, sont présents. L'effervescence est continue.

Le tribunal est présidé par l'imposant et charismatique Marcel Nussy-Saint-Saëns. Dès ses premiers mots, on mesure la portée solennelle et historique du moment : « Nous ne devons pas perdre de vue que le procès des assassins d'Oradour, c'est le procès du nazisme. Oradour, c'est un monceau de sang. Ce sont 642 cadavres dont 50 cadavres d'enfants. [...] Messieurs, pourquoi ce massacre et pourquoi ces morts ? Parce que des hommes perdant toute dignité humaine, toute valeur morale, établirent une terreur matérielle et morale abominable. Ces martyrs sont morts pour rétablir la primauté du spirituel et la dignité de l'homme. Notre chair saigne encore. N'oublions pas que nous sommes dans une ville où Montaigne, lui aussi, protesta contre les entreprises de l'orgueil tout-puissant. L'horreur de ce massacre, messieurs, ne doit pas nous cacher les hommes qui sont derrière ces faits. Et les hommes qui sont dans les accusés. Oradour vient d'Ouradour, qui veut dire lieu de prière. Messieurs, les victimes d'Oradour sont là, nous écoutent, n'oublions pas cet auditoire invisible. »[1]

Des victimes que le greffier va nommer une à une, lors de la lecture de l'acte d'accusation. À la radio, Frédéric Pottecher rapporte l'événement : « Le président ordonne : "Accusés, levez-vous. Messieurs, levez-vous." Et c'est l'énumération terrifiante, dans un silence de plomb, de 642 noms et prénoms. Il y a quinze morts du nom de Bardet, six du nom de Désourteaux [...] neuf Senon, dix-huit Thomas, sept Villatte et cinq Texier. Parmi ces cinq Texier, il s'en trouve un de 5 ans, un de 4 ans, un de 2 ans, et un de 6 mois. »

1. *Ibid.*

Au cours de la première semaine, les débats sont principalement consacrés à de « confus combats de procédure », comme le rapporte Pierre Scize dans les colonnes du *Figaro*. Les avocats des accusés alsaciens demandent la disjonction de leur procès. Ils ne souhaitent pas que leurs clients, de nationalité française, soient jugés par la même juridiction que les accusés de nationalité allemande. Leur argument est que les circonstances de leur incorporation dans l'armée allemande ne sont pas semblables et qu'ils ne peuvent donc être jugés de la même manière. « Vous avez dit, monsieur le président, que les morts d'Oradour écoutaient tous nos débats, eh bien, nous, nous avons nos 30 000 tués ! » lance maître Moser. L'avocat des Alsaciens fait référence aux Français qui, enrôlés de force parmi les troupes allemandes, ont perdu la vie. Il poursuit en affirmant qu'il y va de l'unité de la France. En réaction, l'Association des familles des martyrs d'Oradour menace, si la disjonction est accordée, de ne pas déposer.

Les journalistes se montrent particulièrement attentifs à ce débat on ne peut plus technique. Ils ont compris que de sa conclusion découlera la suite du procès. La presse s'emballe, prend parfois parti. Dans une atmosphère électrique, la demande est rejetée par le tribunal : les accusés français seront jugés aux côtés des accusés allemands. Les mots de l'envoyé spécial de *Paris vous parle* en disent long sur l'impatience du public : « Nous sommes enfin sortis du maelström de la procédure, maelström dans lequel, depuis 1945, soit plus de huit ans, nos juges s'étaient englués. Il était temps d'en sortir car on désespérait ! On commençait à se demander si tout cela était vraiment sérieux. Si, véritablement, il s'agissait de l'affaire d'Oradour… »

Finalement, ce sont les dépositions des accusés qui inaugurent véritablement le procès. On commence par examiner leurs vies, leurs parcours jusqu'à ce qu'ils arrivent à Oradour. L'inclusion dans les jeunesses hitlériennes des Allemands, l'enrôlement de force des Alsaciens. On évoque la désertion de certains en Normandie, le patriotisme de quelques autres, tel Auguste Lohner, « qui porte la Croix de guerre française de 1939-1940 », comme le note le correspondant du *Figaro*. À propos de Louis Hoehlinger, l'un des accusés alsaciens, il écrit encore : « Il avait 17 ans au moment des faits. [...] On étudie sa vie jusqu'en 1944. Elles se ressemblent toutes, ces vies de jeunes Alsaciens ! Bons antécédents, famille honorable, études primaires sanctionnées par le certificat. Mais tout de suite, à la sortie de l'école, l'hitlérisme met sur eux sa griffe. Elle est lourde. » On évoque aussi leurs existences depuis le drame. « Qui sont ces garçons ? Des employés, des cultivateurs. Il y a même un garde champêtre, auxiliaire de M. le procureur de la République », raconte Frédéric Pottecher. Puis vient le moment, glaçant, où les bourreaux sont entendus sur les faits du 10 juin 1944.

Certains reconnaissent avoir reçu l'ordre de tirer sur les villageois. D'autres sont plus spécifiques, comme l'Allemand Fritz Pfeufer, qui déclare avoir ciblé les hommes retenus dans les granges et les garages. Il ajoute que ces derniers lui avaient été présentés comme des terroristes par ses supérieurs. Devant une assistance qui retient son souffle, Paul Graff, l'un des Alsaciens, décrit des scènes atroces. Des villageois exécutés sommairement dans des champs, des femmes gémissantes sous les fagots de paille enflammés dans l'église. Graff rapporte également la sommation du lieutenant Barth à ses hommes : « Ne parlez à personne de ce qui s'est passé ici. Et si l'on vous en parle, dites qu'il y a eu un engagement avec le maquis et que les habitants ont fui dans les forêts. » Mais certains accusés assurent n'avoir vu que de loin ce qui se passait à Oradour. Ils n'ont, affirment-ils, pas pris part au massacre. « Tous sentinelles ! » ironise Pierre Scize, dans *Le Figaro*.

Jean-Marc Théolleyre, la plume du *Monde*, s'attarde sur le plan du bourg, fixé au mur du prétoire. « Chacun s'est familiarisé avec ce plan d'Oradour-sur-Glane auquel il faut toujours revenir. On situe maintenant d'un œil sûr l'emplacement de la grange Laudy, du chai Denis, du garage Désourteaux, tous ces lieux tragiques qui sont devenus un carré marqué d'une croix rouge quelque part sur un relevé topographique. Car pour ceux qui jugent un procès de ce genre, les noms, si dramatiques qu'ils soient, se prononcent souvent avec l'indifférence qui finit toujours par submerger les audiences. De même, on a repéré sur le plan le secteur où opéra chaque groupe de la 3e compagnie. On sait maintenant où celui-ci a tué, où cet autre a pillé, quelle partie du village a été incendiée par tels ou tels. Mais le travail devient plus délicat dès qu'il s'agit, au sein de chaque groupe, de connaître le rôle de chacun. C'est là-dessus que portent tous les efforts de M. Nussy-Saint-Saëns. »

Le président du tribunal mène les débats avec fermeté et pousse les accusés dans leurs retranchements. « Je vais vous rafraîchir la mémoire ! » leur lance-t-il régulièrement – « cinq fois par audience », note le journaliste de *Paris Match*. Un prévenu pleure, un autre demande pardon. À l'adjudant Karl Lenz, qui affirme qu'une fois arrivé à la sortie nord du village, il est resté sur place, le président, visiblement agacé, demande : « En somme, vous faisiez du tourisme ? » Pierre Scize écrit : « La nécessité de l'obéissance les a absous, à leurs yeux, depuis la minute même où ils commirent les horreurs qui leur sont reprochées… »

Une fois ces interrogatoires terminés, ce sont les parents, les orphelins d'Oradour qui défilent à la barre. Pour le village et ses hameaux, l'épreuve est terrible. Il faut se souvenir, redire le drame, évoquer les proches disparus. « Des dépositions empreintes de calme et de dignité, et qui ont tiré des larmes à plus d'un, sauf aux accusés », relève Jean-Marc Théolleyre dans les colonnes du *Monde*.

Le 22 janvier, ce sont Hubert Désourteaux, Aimé et Jeannine Rénaud, les survivants cachés derrière le garage Désourteaux qui ouvrent la séance. Ils ont tout entendu du drame de l'église. Ils sont suivis par les cinq rescapés de la grange Laudy. L'un après l'autre, Clément Broussaudier, Yvon Roby, Mathieu Borie, Robert Hébras et Marcel Darthout sont appelés à témoigner. Lorsque vient le tour de Robert, le président lui demande d'être bref et de ne mentionner que ce qu'il a vu. C'est que le procès, prévu pour durer quinze jours, s'étire en longueur et que l'on vient déjà d'entendre trois hommes livrer le même récit. « Tour à tour, MM Roby, Borie, Hébras et Darthout, avec des mots différents, nous font revivre les mêmes visions d'épouvante », écrit Marie-Louise Barron pour *L'Humanité*, décrivant « cinq récits effroyablement pareils ». Alors, en moins d'un quart d'heure, sous l'œil des veuves d'Oradour et des accusés, Robert expédie le récit du jour où sa vie a basculé. Il évoque les derniers mots qu'il dit à sa mère : « T'en fais pas, je suis en règle. » Ceux du pâtissier Compain lorsque celui-ci demanda à un SS la permission d'aller voir ses gâteaux restés dans le four. Un récit fait « avec beaucoup de précision » par un homme qui « lui aussi est un rescapé de la grange, du clapier, du feu, de tout », note Madeleine Jacob pour *Libération*.

Robert est déstabilisé par les accusés face à lui. Ils ne ressemblent pas à l'image qu'il se faisait des meurtriers. Bien peignés, bien rasés, portant des costumes rayés et de fines cravates, ce sont aujourd'hui de jeunes pères de famille qui, pour la plupart, comparaissent libres. Des hommes « neufs », écrit *Paris Match*, à la tête de petites affaires, comme Robert, ou bien facteurs, agriculteurs, employés. Seul le bandeau noir de Paul Graff, qui a perdu un œil au front, vient rappeler leur passé de combattants. Certains n'avaient que 17 ou 18 ans le jour du massacre. Le même âge que Robert. Les silhouettes frêles des semeurs de mort du 10 juin 1944 lui reviennent en mémoire, lui rappelant l'absurdité de la guerre.

Dans la salle, tout le monde est attentif aux dépositions des rescapés. Et, comme le remarque Madeleine Jacob pour *Libération*, « les accusés nous paraissent quelquefois se replier sur eux-mêmes, il en est qui pâlissent ». C'est qu'ils sont, pour la première fois, confrontés aux seules personnes qui peuvent dire ce qu'ils ont réellement fait le 10 juin 1944.

Roger Godfrin, âgé de 7 ans et demi le jour du drame et qui fut le seul enfant d'Oradour à en réchapper, raconte sa fuite et le plongeon qu'il fit dans la Glane afin d'éviter la mitraille allemande. Des membres de familles décimées s'adressent directement aux accusés. « Je souhaite que leurs remords soient aussi grands que ma douleur », déclare Alphonse Lévignac, cet Avignonnais qui avait cru mettre ses deux fils en sûreté en les envoyant à Oradour, loin des bombardements. « Je voudrais savoir si l'un d'eux a vu mes enfants à leurs derniers moments », demande-t-il. Les accusés restent de marbre, ils n'ont rien vu. En sanglots, le père se retire : « C'est ignoble ! Ce sont tous des menteurs ! »

Jean-Marc Théolleyre, le chroniqueur judiciaire du *Monde*, relève que le président met tout en œuvre pour que les accusés fendent l'armure et se livrent enfin. Il va jusqu'à faire amener dans la salle d'audience la carcasse rouillée d'un landau criblé de balles, extirpée des décombres de l'église. Là encore, les hommes resteront impassibles. « L'envie vous prend parfois de souhaiter un tête-à-tête impossible avec l'un d'eux », écrit le journaliste. « Peut-être alors parviendrait-on à leur arracher ce qu'ils gardent enfoui comme un secret inaccessible : une phrase, un mot, qui permette de saisir un mobile individuel ! Comment comprendre ce qui s'est passé dans leurs cerveaux lorsqu'ils reçurent l'ordre de commencer le carnage, lorsqu'ils virent, au bout des canons de leurs mitraillettes, de leurs mousquetons, des femmes affolées, hurlant, serrant des enfants dans leurs bras ? Quelle rage ! Quelle haine ! Pourquoi ? Est-ce vraiment l'odeur de la poudre et des balles qui enivre à ce point ? »

Il faut attendre le 31 janvier, et le témoignage de la si discrète Marguerite Rouffanche, pour qu'enfin quelques accusés réagissent. Digne, droite, le visage assombri par une voilette noire, elle prend le micro pour déclarer d'une voix métallique : « Croyez-moi, monsieur le président, j'ai le cœur bien gros de renouveler cette journée du 10 juin. [...] Je suis le témoin sacré de l'église. Je suis une maman qui a tout perdu. Je suis sortie du four crématoire. Je demande que justice soit faite avec l'aide de Dieu. Je le demande de toute ma personne blessée. »

Sans trembler, Marguerite Rouffanche décrit les derniers instants de sa fille de 18 ans, assassinée dans la sacristie, d'une balle dans la carotide. Elle évoque son autre fille, engloutie sous ses yeux par les flammes. Elle raconte de quelle manière elle est parvenue à s'échapper, la force inexplicable qui l'a poussée à traverser un vitrail éventré pour sauver sa vie, ces interminables heures d'angoisse passées dans les jardins du presbytère alors que, grièvement blessée, elle ne pouvait plus bouger. Elle fait enfin le récit de douze longs mois de convalescence à l'hôpital de Limoges. Seule survivante de sa famille, accablée par la douleur d'avoir perdu ce qui lui donnait une raison de vivre, elle tente de se reconstruire.

Marguerite Rouffanche est la seule à pouvoir dire ce qu'il s'est passé derrière les lourdes portes de l'église. Et le rôle du tribunal est de comprendre. Alors, sans la brusquer, le président quitte son fauteuil et s'approche d'elle. Il lui fait examiner un plan et lui pose des questions auxquelles elle s'efforce de répondre avec le plus de précision possible.

— Lorsque les SS sont entrés avec la caisse, ils ne nous ont pas écartés, ils n'ont pas dit un mot. Ils ont allumé les mèches et ils sont ressortis.

— Y a-t-il eu des cris ?

— Oh ! oui, monsieur le président : des horreurs, des horreurs. C'était épouvantable. On ne peut pas l'expliquer. Non, vraiment, c'est terrible !

Alors que sa déposition est traduite aux accusés allemands, Fritz Pfeufer, qui a participé à l'exécution des hommes d'Oradour, demande à prendre la parole. Il se dit « profondément troublé » par ce qu'il vient d'entendre. « J'ai honte pour les officiers qui n'ont pas eu le courage de venir aujourd'hui rendre des comptes », lance-t-il.

Une question est sur toutes les lèvres. Pourquoi Oradour ? Pourquoi un tel déchaînement de violence dans ce village tranquille ? Les accusés ne livrent aucune justification. Mais le peuvent-ils seulement ? C'est encore cela le plus dur pour Robert et la communauté d'Oradour. L'évidence s'impose à eux : les réponses qu'ils espéraient tant ne viendront probablement jamais.

De fait, à l'issue du procès, les causes du massacre restent inexpliquées. Ce qui apparaît clairement, en revanche, c'est qu'Oradour fut une cible de choix, en cela qu'il ne s'y trouvait aucun résistant. C'était là l'assurance de pouvoir commettre une opération d'ampleur sans être confronté à une riposte – et l'occasion de terrifier les civils qui, encouragés par l'annonce du Débarquement, étaient tentés de rejoindre la Résistance. Mais, dans la salle d'audience de Bordeaux, aucun des accusés n'est capable de le confirmer.

Le 13 février 1953, après des heures de délibération, le verdict tombe au beau milieu de la nuit : l'adjudant allemand Karl Lenz et le sergent français Georges-René Boos, seul engagé volontaire alsacien, sont condamnés à la peine de mort – ainsi que 44 soldats allemands jugés par contumace. Les autres accusés écopent de cinq à douze ans de prison et de travaux forcés. Seul Erwin Degenhardt, un Allemand qui a pu prouver qu'il n'était pas présent à Oradour, est acquitté.

Le jugement provoque des réactions dans toute la France et au-delà. À Oradour, un certain soulagement teinté d'inquiétude est ressenti. En Alsace, c'est le tollé. Les drapeaux sont mis en berne. On drape le monument aux morts de Strasbourg d'un immense voile noir. La mère d'un des « Malgré-nous » condamnés est photographiée à son pied, effondrée, par un envoyé spécial de *Paris Match*.

« Il était clair, dès le premier jour, à quiconque possède quelques éléments de l'affaire d'Oradour-sur-Glane, que ce jugement ne pouvait satisfaire personne, écrit Jean-Marc Théolleyre en réaction au verdict. Pour les survivants d'Oradour, pour leurs familles, il fallait des peines de mort à pleines charrettes. L'Alsace, elle, voulait l'acquittement, l'espérait et y croyait avec ferveur. Le tribunal militaire de Bordeaux, lui, a simplement cherché à juger en toute équité. »

La crise politique est telle que, dès le 18 février, une proposition de loi d'amnistie des Français enrôlés de force est examinée à l'Assemblée nationale. « Nous sommes en présence d'un drame dont les différents aspects sont également déchirants », déclare solennellement Édouard Herriot, le président de l'Assemblée, au cours des débats concernant la proposition. « D'un côté, dans une commune de France où l'on n'avait connu jusque-là que la douceur de vivre, s'est abattu un horrible orage de feu et de sang. Plus de 600 victimes [...] d'autre part l'intervention, nécessaire cependant, de la justice a provoqué en Alsace et en Lorraine des remous qui ne nous émeuvent et ne nous inquiètent pas moins. [...] La patrie est une mère. Elle ne peut pas admettre que ses enfants se déchirent sur son sein. » Finalement, la loi amnistiant l'ensemble des « Malgré-nous » condamnés au procès de Bordeaux est promulguée le 20 février.

Comme toute la communauté d'Oradour, Robert est abasourdi. L'amnistie est une gifle. Plus de 2 000 personnes défilent dans les ruines du village martyr en signe de protestation. Plusieurs communes de Haute-Vienne se joignent au mouvement. Aux yeux des habitants d'Oradour, la mémoire des leurs est bafouée. Ils ont la sensation d'avoir été trahis : après des années à consacrer Oradour en symbole de la barbarie nazie, l'État n'a pas, à leurs yeux, voulu entendre la douleur des rescapés. Les liens sont rompus. Le mémorial construit par l'État dans le cimetière municipal et censé accueillir les ossements des victimes restera vide, l'Association des familles fait édifier un autre monument à cet effet. Les Croix de guerre et de la Légion d'honneur décernées aux victimes sont renvoyées. On fait afficher, à l'entrée des ruines, la liste des parlementaires ayant voté l'amnistie. Elle y restera jusqu'en 1965, date à laquelle l'un des signataires, François Mitterrand, arrive au second tour de l'élection présidentielle.

Après le verdict, le bourg se mure dans un long silence. Robert Hébras aussi. Il laisse son affaire d'Oradour à son ouvrier pour reprendre un autre garage, à Saint-Junien. L'ambition est plus grande, la tentation de l'oubli aussi. Dans la ville voisine, personne ne connaît son passé. Et pour s'assurer que cela perdure il se refuse à recevoir des journalistes dans son établissement. Ils ne sont de toute façon pas bien nombreux à venir l'y trouver, seulement quelques échotiers de la presse locale, qui viennent au moment du 10 juin, pour le symbole.

À Saint-Junien, Robert n'est pas le rescapé d'Oradour, mais un homme comme un autre. Mieux encore, il est le gérant du garage Renault de l'avenue Carnot, qui fait vivre une douzaine d'employés. Le fils d'ouvrier dont le rêve était de devenir son propre patron a réussi. Il est dans son élément, aime vendre autant que bricoler. Les soirs où il reste au garage pour cause d'inventaire ne sont pas rares. Il ne mange jamais à heure fixe, a toujours quelque chose à finir. Mais la tâche l'épuise. Et à la nuit tombée, dans le silence de son garage, les mots et les idées se bousculent dans sa tête sans qu'il puisse les mettre en ordre. Peu à peu, pourtant, se dessine en lui une envie, un besoin : puisque la justice a failli à honorer ses proches, il se doit de le faire lui-même, à sa manière.

*

Perrier-Bord, mars 2021

Sur une étagère, chez Robert, se trouve un livre au titre éloquent : *Mourir de dire.* Il traite notamment de la honte et de la culpabilité vécues par les rescapés d'un traumatisme. Robert en a rencontré l'auteur, le neuropsychiatre Boris Cyrulnik, à l'occasion d'un documentaire intitulé *Oradour-sur-Glane, les voix intérieures.* À propos des survivants du massacre, Boris Cyrulnik évoque des personnalités « qui se coupent en deux ». D'un côté, une « qui travaille, qui vit, qui mène une vie normale ». De l'autre, une « qui souffre en secret, sans en parler ». Comme Robert après-guerre. Pour « recoudre » ces deux pans et permettre la reconstruction, il faut qu'une œuvre de parole survienne. C'est elle qui permet ce que le neuropsychiatre nomme la résilience. Cyrulnik cite aussi, parmi les mécanismes essentiels à l'apaisement, la réconciliation, en précisant que celle-ci n'est possible qu'après que justice a été rendue. Or, dans le cas du drame d'Oradour, nombre d'habitants ont d'après lui eu le sentiment qu'« il n'y a pas eu de justice ». Au lendemain de la loi d'amnistie de 1953, certains scandaient, dans les rues du village martyr : « Justice n'est pas faite. »

Le jugement est aujourd'hui plus nuancé au village, même si Benoît Sadry, conseiller municipal délégué à la mémoire, élu président de l'Association nationale des familles des martyrs en mars 2022, ami de Robert et proche d'Agathe, reconnaît que la fracture de 1953 reste et restera au-delà de ceux qui l'ont connue. Le temps a fait son œuvre, le travail de réconciliation aussi.

On a pris du recul quant au contexte historique qui a motivé l'amnistie. « On n'a pas craint que le Limousin se sépare de la France... », relève simplement Robert.

Entre Oradour et l'Alsace, l'œuvre de réconciliation a été plus lente qu'avec l'Allemagne. Il faut attendre 1998 pour voir un maire de Strasbourg assister aux commémorations du 10 juin. L'édile en question, Roland Ries, lui-même fils de « Malgré-nous », est venu tendre la main aux habitants d'Oradour. Il laisse ce mot dans le livre d'or du village : « Il faut dépasser, mais ne pas oublier. »

L'année suivante, lorsque le président Jacques Chirac inaugure le Centre de la mémoire, il se tient aux côtés de Catherine Trautmann, alors ministre de la Culture et également ancienne maire de Strasbourg. Mais c'est le 10 juin 2009 que la réconciliation est véritablement actée. Ce jour-là, Roland Ries offre la statue de saint Michel terrassant le dragon qui provient de la cathédrale de Strasbourg.

La question des « Malgré-nous » n'est toutefois pas sans réveiller une autre grande blessure chez Robert. En 2007, lors de la réédition d'une brochure pédagogique dont il est l'auteur, *Oradour-sur-Glane, le drame heure par heure*[1], une phrase mettant en doute le caractère forcé de l'enrôlement des Alsaciens dans les troupes SS réapparaît par erreur. Si la phrase en question se trouvait effectivement dans la première version de l'ouvrage, paru en 1992, elle avait été nuancée au fil des réimpressions et de l'évolution de la pensée de Robert.

1. *Oradour-sur-Glane, le drame heure par heure*, Robert Hébras, Les productions du Pertuis, 1992.

Des associations de « Malgré-nous » saisissent la justice et, en 2012, il est condamné en appel à verser 1 euro symbolique de dommages et intérêts, et 10 000 euros de frais de justice. Cette condamnation lui fait l'effet d'une entaille dans son œuvre de mémoire et son message de paix.

Robert, fatigué, veut en rester là. Il hypothèque sa voiture pour s'acquitter des frais de justice. Des professeurs d'histoire, qui le connaissent bien pour régulièrement faire visiter le village à leurs élèves en sa compagnie, lancent une pétition. Ils y expriment leur indignation face à ce qu'ils estiment être une iniquité. Parmi les signataires se trouvent Vincent Brousse, professeur d'Agathe au collège, ainsi que Bernadette Malinvaud, l'initiatrice du mouvement. Tous deux se souviennent avoir toujours entendu Robert expliquer aux élèves que les « Malgré-nous » étaient, eux aussi, des victimes du nazisme.

La pétition gagne en importance et connaît un retentissement national. Forts de plus de 2 000 signatures, ses auteurs se décident à créer une association, comité de soutien, s'indignant de la décision rendue et pour aider Robert à payer les frais d'une éventuelle nouvelle bataille juridique. Les adhésions sont nombreuses, tout comme les dons et les mots de soutien, qui arrivent de la France entière. Robert se laisse convaincre d'aller en cassation. L'année suivante, sa condamnation est révoquée. Son avocate, Me Françoise Thouin-Palat, qui angle sa plaidoirie autour de la liberté d'expression, aura ces mots : « Il n'est ni journaliste, ni historien, ni écrivain, mais témoin. » Une reconnaissance de son droit au doute mais aussi une reconnaissance de son statut de témoin, essentielle à son œuvre de mémoire. Le jugement fait jurisprudence dans la liberté d'expression en histoire.

Presque dix ans après sa création, l'association existe toujours. Mais, selon le vœu de Robert, elle a pris une autre forme, gardienne de la mémoire et engagée pour la transmission, elle prend le nom de « Oradour, histoire, vigilance et réconciliation ». Ce travail inlassable lui apporte la certitude que les siens ne sombreront pas dans l'oubli.

9

En 1962, après quinze ans de mariage, naît enfin l'unique fils de Robert et Yvonne. Robert, qui voulait tant avoir une famille, s'était fait une raison, convaincu qu'il ne deviendrait jamais père. « Quand Mme Hébras aura des enfants, je paie le champagne à toute la commune ! » avait affirmé le médecin d'Oradour. Lorsque le petit garçon vient au monde, des années plus tard, la promesse est oubliée depuis longtemps. L'enfant, qui a hérité des grands yeux bleus de sa mère, a bien failli s'appeler Désiré – ou encore César, car il est l'un des premiers bébés nés par césarienne à la maternité de Saint-Junien. Ce sera finalement Richard, pour qu'il porte les mêmes initiales que son père et puisse, un jour, reprendre le garage sans avoir à changer les monogrammes du papier à en-tête.

Richard est un enfant très gâté. Alors qu'il a à peine 5 ans, il reçoit pour Noël une voiture de karting confectionnée sur mesure par Robert. À la moindre occasion, sa mère lui glisse un billet dans la poche. Mais les cadeaux ne suffisent pas à lui faire oublier que ses parents sont bien souvent absents et peu démonstratifs. Le soir, quand ils débauchent, Richard dort déjà. Et c'est Michèle, la nièce de Robert, employée dans l'entreprise familiale, qui joue les mères de substitution, lui apportant la tendresse et l'attention dont il a besoin.

Le garage Hébras devient vite un immense terrain de jeux pour Richard. Un jour, du haut de ses 10 ans, il grimpe dans une voiture en réparation, démarre, part faire un tour du quartier et revient en ayant froissé la tôle de l'engin… Yvonne, qui a reçu une éducation très stricte, inscrit son fils au conservatoire pour qu'il y apprenne à jouer du piano et, surtout, pour qu'il se discipline un peu. Richard se découvre l'oreille musicale, décroche plusieurs prix, passe des heures à jouer et à se perdre dans les mélodies – sans que cette passion ne change rien à son tempérament casse-cou. « Où est-ce qu'il est encore passé ? » tonne un jour Robert, à la recherche du polisson. « Regarde sur le toit ! » répond un client goguenard. En levant la tête, Robert aperçoit l'enfant qui se promène, en équilibre sur le faîtage de l'atelier.

L'école ne passionne guère Richard, tout comme Robert au même âge. C'est là leur seul point commun. Richard est aussi téméraire que son père était réservé. Sur son cartable, il arbore fièrement un autocollant publicitaire où sa maîtresse déchiffre, incrédule, ces mots : « Je suis un cyclone ». Adolescent, il se passionne pour les motos et, en parcourant les rues de Saint-Junien à toute allure, se rêve cascadeur. Quand il a un accident, il ne prévient pas ses parents. Et, plutôt que de quitter la clinique en ambulance, il rentre à moto, assis derrière un copain ou directement au guidon, ses béquilles en travers de la selle. Sa mère, qui le voit débarquer au garage, est folle de rage.

En quittant Oradour pour Saint-Junien, Robert a emmené son père avec lui. Tant qu'il est valide, Jean Hébras cultive inlassablement son jardin. Mais il vieillit et la force lui manque. Il passe ses journées dans son fauteuil, à regarder la télé.

Il semble apprécier la compagnie de son turbulent petit-fils, quand bien même le garnement aime à le taquiner. Dès qu'il entend son grand-père prononcer sa phrase quotidienne, « Je vais faire un tour », Richard se précipite et cache la canne et la casquette de l'aïeul.

Jean Hébras décède en 1974, à l'âge de 93 ans. En lui disant adieu, Robert songe à la manière dont son père, ce paysan de la Vienne attaché à sa terre, a vécu, portant le deuil durant plus de trente ans et se contentant de s'occuper de son jardin, sans jamais quitter les environs du village où s'est noué le drame de sa vie. Tandis que Robert, encore jeune, avait une existence à construire, Jean n'avait plus rien que la peine. Était-il habité par les mêmes cauchemars, les mêmes questions que son fils ? Il est parti sans le dire, laissant sur sa table de nuit un médaillon qui ne le quittait jamais, renfermant les photos de sa femme et ses filles.

10

1974. Doucement, les choses évoluent à Oradour. Dans le cimetière municipal, le mémorial érigé par l'État vingt et un ans plus tôt est enfin aménagé. Pour y accueillir non pas les cendres des victimes, comme prévu initialement, mais des objets collectés dans les ruines. Dans les vitrines, les aiguilles des montres à gousset sont figées entre 16 et 17 heures. Les verres des lunettes sont brisés et l'on distingue des impacts de balle sur certaines reliques.

Au lendemain de la loi d'amnistie, le village d'Oradour s'est replié sur lui-même. La seule visite officielle a été celle du général de Gaulle, en 1962, alors qu'il était président de la République. Mais au début des années 1970, de timides changements ont lieu. Trente ans se sont écoulés depuis le drame, plus de vingt depuis le procès. Certains pensent qu'il est temps d'avancer. C'est également l'année où une première personnalité d'Oradour est décorée. Marguerite Rouffanche, âgée de 77 ans, est faite chevalier de l'Ordre national du Mérite. Les rescapés ne seront pas éternels et, tout doucement, on commence à penser à l'après.

Mais Robert a d'autres préoccupations : lui et Yvonne se séparent. Richard a 15 ans. Il n'est pas surpris, il a grandi en voyant ses parents se disputer. Robert n'est pas du genre à montrer ses sentiments, le travail a pris le pas sur le reste de sa vie ; quant à Yvonne, elle ne parvient pas à comprendre la douleur qui ronge son mari. Elle a fini par rencontrer un autre homme et demande à garder l'affaire de Saint-Junien. Robert accepte. Le garage Hébras se change bientôt en garage Debelleix. Il ne sera jamais repris par Richard.

En attendant la conclusion du divorce, Robert continue à faire tourner la boutique et à étouffer son malheur sous le poids du travail. La fatigue aidant, il devient irascible, supporte moins le contact avec les clients. Les temps changent aussi dans l'industrie automobile. Un concessionnaire Renault est sur le point de s'installer à Saint-Junien, dépossédant ainsi Robert de la partie vente de son commerce. Pour être un bon vendeur, juge-t-on en haut lieu, il ne faut pas être trop proche de sa clientèle. Le métier n'est plus tout à fait celui qu'il a choisi, trente-cinq ans plus tôt.

C'est pourtant grâce à ce garage, dont il se détache peu à peu, que Robert rencontre Christiane. Elle a 38 ans, elle est mère de deux enfants et vient de divorcer. À plusieurs reprises, l'élégante jeune femme vient faire examiner sa 2 CV qui, selon elle, souffre de problèmes de moteur. La voiture est inspectée sans que les ouvriers n'y décèlent la moindre avarie. Christiane revient à la charge. Elle insiste, feint l'irritation : « Je veux que le patron fasse l'essai ! » Robert est piqué au vif, il n'apprécie guère qu'on mette en doute la qualité du travail de ses employés. Il prend donc le volant et emmène sa cliente sur les routes du Limousin. « Elle roule, sa guimbarde », maugrée-t-il dans sa barbe. Pour briser la glace, il lui montre comment passer les vitesses en douceur, tout en jetant des regards en coin à Christiane, qui curieusement semble avoir perdu sa langue.

À un endroit où il a l'habitude d'opérer un demi-tour, sur la route des monts de Blond, Robert s'arrête, déterminé à lui faire prendre les commandes. En contournant la voiture, ils se croisent, se frôlent et échangent un premier baiser furtif. Robert est stupéfait, il n'a rien vu venir.

Les premiers temps, leur relation ressemble à un vaudeville. L'air de rien, en voisine, Christiane promène son chien devant le garage, dans l'espoir d'y voir Robert. « Tu veux de l'aide ? » l'interroge Yvonne, pas dupe, en sortant de son bureau.

Une fois le divorce acté, Robert convoque ses ouvriers. Très ému, il leur annonce qu'il n'est désormais plus leur patron. L'instant, comme il le souhaitait, est solennel. Il marque la fin d'une ère.

Les nuits passées dans les moteurs et les livres de comptes sont derrière lui. Robert s'installe dans sa maison de campagne des monts de Blond et se fait embaucher chez Renault comme commercial. Christiane lui rend régulièrement visite au volant de sa 2 CV. À bientôt 55 ans, Robert s'autorise à vivre et retombe amoureux.

*

Oradour-sur-Glane, décembre 2002 – juin 2003

De loin, le Centre de la mémoire d'Oradour-sur-Glane ressemble à deux imposantes barres métalliques rouillées. Elles rappellent les vestiges de ferraille que l'on peut voir dans les ruines. Elles déchirent le sol et s'y enfoncent, comme pour montrer qu'ici, la terre a été marquée à jamais. Sa construction, à mi-chemin entre le village martyr et le village moderne, a été un événement. Le signe que les temps avaient changé.

Lors de son discours d'inauguration, le 16 juillet 1999, Jacques Chirac a insisté sur la dimension universelle du drame : « La mémoire d'Oradour appartient à ceux qui ont souffert dans leur chair et dans leur âme. Mais elle appartient aussi à la mémoire collective. » C'est la décennie du « devoir de mémoire ». Quatre ans plus tôt, lors du 53e anniversaire de la rafle du Vél'd'Hiv, le président reconnaissait le rôle de l'État français dans la déportation des Juifs. Une façon de regarder le passé en face pour mieux préparer l'avenir.

La mission du Centre de la mémoire d'Oradour-sur-Glane est de s'adresser aux nouvelles générations, de faire en sorte que l'on n'oublie pas le drame et qu'il résonne dans le temps présent. L'espace muséographique se trouve au sous-sol. Une fois en bas, le visiteur est invité à suivre une exposition qui retrace la montée du nazisme, des premiers jours jusqu'au massacre d'Oradour. D'autres expositions temporaires, ainsi que de régulières conférences, complètent et élargissent le message.

Agathe a déjà l'habitude, et ce depuis toute petite, de fréquenter les ruines à chaque cérémonie commémorative. Avec l'ouverture du Centre de la mémoire, les calendriers concordent, Agathe commence à pouvoir comprendre ce qu'est le drame d'Oradour. À l'occasion de l'anniversaire célébrant les cinquante ans de l'école d'Oradour-sur-Glane, elle prend part à des projets pédagogiques qui ont la vocation d'exprimer et d'expliquer le drame par l'art et la culture. En 2003, alors qu'elle est en classe de CM2, elle travaille avec ses camarades à la création d'une fresque sur le modèle du *Guernica* de Picasso pour nourrir le projet international « Kid's Guernica ». Au sol de la chaufferie du Centre de la mémoire, seul lieu assez grand pour accueillir les immenses toiles, Agathe s'applique pour peindre la gare du village martyr d'Oradour, un lieu symbolique dont son grand-père lui parle souvent. La fresque est destinée à voyager dans le monde entier, tandis que d'autres œuvres peintes par des enfants de pays touchés par la guerre seront exposées à Oradour en retour. Si celle de Picasso représentait l'horreur et la destruction, celles-ci portent un message de paix. L'heure est à la célébration et aux projets autour d'une mémoire apaisée du drame.

Au même moment, la réalisatrice lyonnaise Marielle Larriaga se rend à Oradour pour préparer, avec les enfants du bourg, *La Poupée,* un film qui évoquera la vie de ceux qui ont péri dans le massacre. Le projet marque beaucoup Agathe qui tourne dans plusieurs scènes de l'œuvre. Ces événements sont autant de petits cailloux qui la mèneront sur les traces de son grand-père. Elle se prend de passion pour l'Histoire, notamment celle de la Seconde Guerre mondiale et de la Shoah. Une passion qui l'amène bientôt à suivre son grand-père dès qu'elle le peut lors des cérémonies et événements auxquels il participe. Elle comprend que la mémoire est un bien commun qui doit être entretenu. Petit à petit, elle songe qu'elle aussi, à l'image de son aïeul, apportera, quand l'heure sera venue, sa modeste pierre à ce gigantesque édifice.

11

En 1982, Richard fête ses 20 ans. Avant de partir effectuer son service militaire à Mulhouse, il a une demande à faire à son père : il veut visiter les ruines avec lui, il veut entendre son histoire dans les lieux où l'horreur s'est produite.

Robert est surpris. Il faut dire que le père et le fils ne vivent plus ensemble depuis cinq ans déjà. Ils ne se rencontrent que rarement et se parlent moins encore. Mais Robert accepte de bon cœur. Après tout, il n'a jamais eu l'idée de faire visiter son village à Richard, et celui-ci ne sait même pas où se situe la maison familiale. Quand Richard fréquentait l'école de Saint-Junien, Robert tenait à ce qu'il ne soit pas étiqueté comme « le fils du rescapé ». Il a laissé tout cela de côté, volontairement. Et puis, durant toute son enfance, Robert a été bercé par le souvenir de la Première Guerre mondiale. Les uns et les autres lui contaient les anecdotes du front *ad nauseam*. Il a voulu préserver son fils de tout cela, quitte à le priver d'un pan de son histoire. Mais Richard est devenu adulte, et les choses ont changé.

— Qu'est-ce que tu vois ? demande-t-il à son fils, dans le silence de la rue principale du village martyr.

Richard scrute les façades, les pans de mur effondrés, les machines à coudre rouillées, gisant à même le sol.

— Je vois des pierres, des ruines..., répond Richard, un peu gêné.

— Eh bien, moi, je vois un village avec des gens devant chaque porte.

Le site est devenu touristique. Pour mieux sentir le passé, ne pas le laisser glisser, Robert a pris l'habitude de traverser les ruines la nuit, seul. Il raconte à son fils les rires de sa petite sœur, les sourires de son meilleur ami, l'odeur des tartes du pâtissier Compain. Fait revivre sa mère, qui part faire les courses à l'épicerie. Son père, qui s'affaire avec ses outils, au sommet des poteaux électriques. Il évoque encore les filles qui font claquer leurs talons en traversant la rue où passe le tramway, les moments d'insouciance de son adolescence, passés au bord de la Glane.

Cette visite remue profondément Robert. Des professeurs d'histoire officiant dans des établissements scolaires de la région lui ont déjà demandé d'animer des visites pour leurs élèves. Il leur a fait cette même réponse : « Je travaille, je n'ai pas le temps. » Un prétexte commode. Face à son fils, il lui semble impossible d'en user.

Petit à petit, dans sa vie, Oradour va se conjuguer au présent. À force de sollicitations, il finit par accepter de prendre des responsabilités dans l'entretien du souvenir de son village. Il devient même président de l'Association nationale des familles des martyrs d'Oradour.

C'est à cette même époque, au début des années 1980, que des gendarmes se présentent à son domicile pour lui montrer un cliché en noir et blanc. Il discerne le portrait d'un soldat SS en uniforme.

— Connaissez-vous cette personne ?

Robert scrute les traits durs du jeune homme. Son visage ne lui dit rien. Il se doute bien que la question est importante et qu'elle a un rapport avec le drame d'Oradour, mais il n'a plus aucun souvenir des visages des bourreaux du 10 juin 1944. Deux, trois fois, les gendarmes reviennent avec la même photo.

— Vous êtes bien sûr ? insistent-ils.

Robert est sûr. Mais ça ne veut pas dire pour autant qu'il n'a pas croisé l'homme lors de cette funeste journée, seulement que trente-cinq ans ont passé et qu'il ne se souvient plus.

L'homme sur la photo se nomme Heinz Barth, sous-lieutenant SS de la division Das Reich, âgé de 23 ans au moment du massacre. Sa présence à Oradour est avérée. Près de trente ans plus tôt, au procès de Bordeaux, des accusés lui avaient prêté ces propos alors que la division venait de quitter Saint-Junien pour Oradour : « Aujourd'hui, vous allez voir le sang couler ! » Puis, une fois le drame commis : « Ne parlez à personne de ce qu'il s'est passé ici. Et si l'on vous en parle, dites qu'il y a eu un engagement avec le maquis et que les habitants ont fui dans les forêts. »

Après la guerre, la trace du sous-lieutenant, comme celle de bien d'autres criminels nazis, semblait s'être évaporée. Jusqu'au 14 juillet 1981 où, après des années passées à exercer comme employé de commerce sous une fausse identité, l'ancien SS est arrêté. Les enquêteurs de la RDA l'ont retrouvé à Gransee, sa ville natale du Brandebourg, non loin de Berlin.

Dix ans après que le général Lammerding est mort sans jamais avoir été inquiété, c'est le premier officier SS présent à Oradour, le 10 juin 1944, que la justice allemande appréhende. Elle n'a pas l'intention de laisser passer l'occasion d'un procès très important, qui pourrait éclairer de multiples questions restées sans réponse.

L'audience va se tenir en Allemagne de l'Est, au mois de mai et juin 1983. Soit près de quarante ans après le drame et autant d'années passées, pour Robert, à tenter d'oublier.

« Votre participation à cette procédure pénale est instamment requise. » En lisant la convocation adressée par la chambre criminelle de Berlin-Est, il est incrédule. Il hésite longuement. Il n'attend plus rien de la justice, il a construit son quotidien loin d'Oradour et l'enjeu de mémoire n'est pas encore prégnant chez lui. Sans compter que Berlin-Est, ce n'est pas la porte à côté pour qui n'a pas l'habitude de voyager.

Mais en ce temps où l'on se plonge dans le passé, tout concourt à ébranler les certitudes de Robert. Klaus Barbie, l'ancien chef de la Gestapo de Lyon, à l'origine de l'arrestation de Jean Moulin, vient d'être retrouvé en Amérique du Sud. Extradé en France, il y est incarcéré et mis en examen pour crimes contre l'humanité. L'ex-ministre du budget, Maurice Papon, vient également d'être inculpé pour complicité de crimes contre l'humanité après les révélations du *Canard enchaîné* sur son implication dans la déportation de Juifs durant l'Occupation, alors qu'il était secrétaire général de la préfecture de la Gironde. Après plusieurs décennies à tenter de tourner la page, la France veut urgemment retrouver, juger et condamner si nécessaire. Pour les victimes, les témoins, il est temps de parler. Avant qu'il ne soit trop tard.

Robert prend sa décision : il ira à Berlin-Est. Il y témoignera aux côtés de quatre autres rescapés : Marcel Darthout et Yvon Roby, ses compagnons de fuite, mais aussi Maurice Beaubreuil, qui s'était caché dans un placard durant le massacre, et Martial Machefer. Tous les cinq sont habités par une idée commune. Il ne s'agit plus tant d'obtenir réparation que de parvenir à comprendre.

Heinz Barth, que la presse surnomme « l'assassin d'Oradour », a 62 ans lorsque s'ouvre son procès. Dans la petite salle du tribunal municipal de Berlin-Est, le 25 mai 1983, apparaît « un sexagénaire aux cheveux blancs, vêtu d'un méchant costume gris clair, prototype du retraité est-allemand », écrit Luc Rosenzweig, l'envoyé spécial de *Libération*.

L'audience va d'abord décrire le parcours de Barth. Fils d'un cheminot et d'une ouvrière, il sera tôt intégré dans les jeunesses hitlériennes. Il entrera ensuite dans les rangs de la Waffen SS, où il sera considéré comme un bon exécutant. Cela lui vaudra d'être affecté à la division Das Reich, ce qu'il considère comme « un honneur ». La cour se concentre enfin sur sa disparition, tout de suite après-guerre. Alors, d'une voix sourde, Heinz Barth répond docilement aux questions de Heinz Hugot, le président du tribunal. Il raconte comment, en 1945, après avoir fait effacer son appartenance aux SS de son livret militaire, il a repris le cours de sa vie. Le plus simplement du monde, il est retourné dans sa ville natale et y a travaillé jusqu'à devenir directeur commercial. Il est également, ajoute-t-il, devenu un « bon père de famille ».

Sa ligne de défense est claire. Barth ne nie pas sa présence à Oradour, mais il se dédouane de toute responsabilité. Il affirme n'avoir été là que pour rassembler la population et s'assurer que personne ne prenne la fuite. Pour les rescapés, c'est une nouvelle déception. La presse, elle, attend avec impatience le moment où ils seront appelés à la barre pour témoigner.

Face à Heinz Barth, Robert va déposer bien plus longuement qu'il n'avait pu le faire à Bordeaux. Durant près d'une heure, il raconte tout ce qu'il sait de ce terrible jour, au cours duquel sa vie a basculé.

— Dans une grande agitation, les SS ont fait sortir tous les habitants des maisons, hommes, femmes et enfants, pour les rassembler sur le champ de foire, explique-t-il, revoyant les visages inquiets de sa mère et de sa sœur alors qu'il relate la scène.

— Pensiez-vous alors qu'il pourrait vous arriver malheur ? demande le président du tribunal, en le fixant à travers ses lunettes à grosse monture.

— Pas du tout, on s'imaginait que les Allemands allaient simplement procéder à des contrôles d'identité, répond Robert, patiemment.

Il illustre son propos en désignant, sur un grand plan du village exposé dans le prétoire, les lieux qui jalonnent le fil de son récit, une longue baguette à la main. Et c'est confronté à ce même plan que l'ancien SS va, contre toute attente, parler. Heinz Barth affirme d'abord qu'il se trouvait en faction devant le garage Désourteaux. Au quatrième jour, il finit par tout confesser. Il avoue en premier lieu que lui et ses hommes avaient reçu pour consigne d'investir Oradour et de tuer tous les habitants. L'ordre émanait du chef de bataillon Diekmann, et avait été donné vers midi, le jour même, à Saint-Junien. Il avoue encore avoir fait aligner des habitants du village dans l'un des lieux d'exécution, afin de les fusiller. Il avoue enfin avoir lui-même fait feu sur les victimes, à plusieurs reprises.

— À l'intérieur, les hommes étaient énervés [...] alors j'ai ordonné : « Feu ! » et tous ont tiré. Moi-même, j'en ai tué environ douze ou quinze [...] on a mitraillé une demi-minute, une minute [...] ils tombaient tout bêtement, relate-t-il, tassé sur lui-même.

— Pourquoi Oradour ? demande Robert, qui ne veut pas laisser passer cette chance de lui poser la question, droit dans les yeux.

Les réponses de Barth ne l'éclairent en rien.

— Je n'étais que chef de section. C'est le commandant Diekmann qui a donné l'ordre de détruire Oradour, répond-il, à nouveau impassible, fuyant les regards des cinq survivants qui le dévisagent en retenant leur souffle.

L'ancien SS évoque ensuite, de manière confuse, la thèse de représailles que l'on aurait ordonnées après l'enlèvement d'un officier par des maquisards. Face à lui, les rescapés ne tremblent pas pour affirmer, encore une fois, qu'il n'y avait ni maquis ni maquisards à Oradour. L'accusé ne dira cependant rien d'autre et la question demeurera sans réponse. « Son rôle se situait à un niveau hiérarchique modeste, même s'il n'a pas rechigné devant les ordres inhumains de ses chefs », écrit Luc Rosenzweig dans *Libération*.

Mais il est des mots qui vont avoir, pour Robert, l'effet d'un électrochoc. Il est particulièrement troublé par ces remarques, lâchées de manière anodine par Barth, au cours des interrogatoires : « Tous les habitants devaient être tués » et « J'étais persuadé que personne ne pouvait avoir survécu à une telle puissance de feu. »

Tous les habitants devaient être tués. Personne ne pouvait avoir survécu. Personne ne devait jamais pouvoir témoigner de l'horreur du 10 juin 1944. Le soir, en déambulant dans les rues désertes de Berlin-Est, Robert songe à cela, et aussi à la question qu'il s'est sans cesse posée depuis le drame : pourquoi ai-je survécu ? Heinz Barth, qui sera condamné à la prison à vie le 7 juin 1983[1], vient de lui donner un élément de réponse : pour témoigner.

1. Heinz Barth sera libéré en 1997 pour raisons de santé et décédera le 6 août 2017, à l'âge de 86 ans, dans sa ville natale de Gransee.

12

La médiatisation du procès de Berlin a eu un fort retentissement sur le village et sur l'existence de Robert. « Mais comment as-tu fait ? Ça fait vingt ans qu'on te connaît et jamais tu n'as dit un mot ! » lui lancent d'anciennes relations de travail, qui ont découvert son histoire au détour d'un reportage télévisé.

Deux ans après, en 1985, Robert reçoit un courrier qui bouleverse sa vie. Il s'agit d'une invitation à participer à une conférence à Nuremberg, signée de la main de Willy Brandt lui-même. L'ex-chancelier allemand, Prix Nobel de la paix et désormais président du Parti social-démocrate, lui demande personnellement de prendre part à une grande « Conversation pour la paix ». Comme pour conjurer le sort, celle-ci doit avoir lieu à Nuremberg, dans la ville même où Hitler délivrait ses discours de haine, quelque quarante-cinq ans plus tôt. À nouveau, Robert hésite longuement. Il trouve que c'est tôt, les blessures ne sont pas refermées. Il en discute avec Christiane, son épouse, repense au procès de Heinz Barth.

L'année d'avant, une photo a fait le tour du monde. On pouvait y voir le chancelier allemand Helmut Kohl et le président français, François Mitterrand, main dans la main, devant l'ossuaire de Douaumont, imposant monument à la mémoire des soldats tombés lors de la bataille de Verdun durant la Première Guerre mondiale. Les deux hommes regardaient en face l'histoire qui avait déchiré leurs pays, et voulaient démontrer que la réconciliation était possible. L'image était forte, elle montrait la voie.

Robert finit par accepter l'invitation. Le 7 mai 1985, veille du quarantième anniversaire de la fin de la Seconde Guerre mondiale, il est à Nuremberg, en compagnie des représentants de tous les pays ayant participé à ce terrible conflit. Durant son séjour, il est, à sa grande surprise, placé sous protection policière. Ce qui pourrait être perçu comme un simple détail lui fait prendre pleinement conscience de l'importance et de la valeur du témoignage dont il est porteur.

Cette « Conversation pour la paix » est un tournant dans son existence. Il se retrouve face à plusieurs centaines de personnes venues l'écouter, des jeunes et des moins jeunes, d'anciens combattants et d'autres, nés après-guerre. Il observe, écoute, échange. Nombre de ses certitudes sont ébranlées. Bien avant le drame de sa vie, il se souvient des leçons d'histoire qu'on lui enseignait à l'école d'Oradour. On y parlait des Allemands comme de l'ennemi. Le moins que l'on puisse dire, c'est que l'histoire n'a malheureusement rien fait pour le démentir. Mais il sent bien que les choses ont changé. « Ce sont des gens comme moi, pense-t-il. On est tous faits de chair et de sang. » C'est un homme troublé et intimidé qui prend la parole ce jour-là. Le message qu'il délivre à la tribune n'en est pas moins fort pour autant : « En tant que témoin, j'aimerais exprimer le désir profond des Français de vivre en paix. De tels affrontements entre les nations ne doivent plus jamais se renouveler, il ne s'agit pas d'oublier, mais de tirer la leçon. Notre devise est : ni haine, ni oubli. »

C'est la première fois que sa parole de témoin, de victime, et d'homme à jamais meurtri, trouve une telle résonance. Tout prend sens à ce moment-là. À Nuremberg, la volonté allemande d'ouvrir un dialogue avec les survivants des exactions de la Seconde Guerre mondiale crée quelque chose de fort chez Robert qui vieillit et approche de la retraite.

Un mois plus tard, lorsque des enfants de Nuremberg viennent visiter le village martyr, c'est Robert qui leur servira de guide. C'est le début d'échanges réguliers qui ne vont jamais faiblir et qui changeront à tout jamais sa vie. Il lui faut désormais se souvenir, non pour accuser, moins encore pour se venger, mais pour porter un message de paix.

13

Le 25 mai 1988, alors qu'une pluie violente s'abat sur Oradour, Robert se tient avec gravité devant l'église du village martyr. Il fixe du regard le cercueil de Marguerite Rouffanche. La seule survivante du massacre des femmes et des enfants d'Oradour vient de s'éteindre, à l'âge de 91 ans. Elle était la mère de toute une communauté brisée.

« Ah mon petit, on a bien du malheur ! » répétait-elle à Robert chaque fois qu'elle le croisait. Dans ses yeux, il se revoyait enfant, insouciant, dans les rues de son village. Leur village.

Marguerite Rouffanche s'était montrée extrêmement discrète après le procès de Bordeaux. Robert se souvient de son unique témoignage face caméra, à la fin des années 1960. Il se souvient avoir couru la chercher dans les rues du nouveau bourg, des fleurs à la main, pour la convaincre de répondre aux questions des journalistes.

En ce triste jour de mai, vingt ans plus tard, Robert, trempé jusqu'à l'os, repense à ce moment, en invitant l'assistance à observer une minute de silence. « Cette femme n'a pratiquement rien dit. Si on continue comme ça, le souvenir d'Oradour va se perdre », songe-t-il.

C'est à cette époque que la mairie, le département, et l'Association des familles jugent qu'il est temps qu'Oradour ait son musée pour préparer l'avenir. On s'inquiète de la disparition des rescapés et de l'inexorable érosion des ruines. On veut créer un espace pédagogique, pour que les générations suivantes connaissent et comprennent le drame et pour que les ruines ne deviennent pas un simple objet de curiosité. Robert se rend avec des membres de l'association au mémorial de Caen et au musée de la Résistance de Lyon. Ils souhaitent s'en inspirer pour trouver la meilleure façon de rendre compte de l'histoire d'Oradour. Pour que le souvenir personnel des survivants se mue en mémoire universelle.

C'est dans cette même optique qu'il se décide à écrire la brochure intitulée *Oradour-sur-Glane, le drame heure par heure.* Dès lors, le besoin de parler, de fixer les choses sur le papier ou sur la pellicule, devient viscéral pour lui. Ne plus être seulement victime, mais devenir témoin, guider sa résilience et le travail de mémoire. Ne pas oublier, pour que ceux qui n'ont pas connu l'horreur se souviennent.

Troisième partie

La transmission de la mémoire

14

Au début des années 1990, Robert prend sa retraite. Lui qui n'a jamais cessé de travailler depuis son adolescence dispose soudainement d'un temps libre qui lui semble vertigineux. Près d'un demi-siècle s'est écoulé depuis la fin de la Seconde Guerre mondiale, la mémoire est devenue un enjeu central du travail historique entrepris à son sujet. En 1994, pour le cinquantième anniversaire du drame, des centaines de jeunes sont présents à Oradour et le message est clair : place aux nouvelles générations. Pour l'occasion, le président de la République, François Mitterrand, est sur place. Au soir de sa vie, il semble vouloir solder ses comptes avec l'histoire. Le temps a passé depuis le procès de Bordeaux et il assume devant la communauté d'Oradour avoir voté en 1953, lorsqu'il était député, la loi amnistiant les « Malgré-nous ». À l'époque, explique-t-il, il s'agissait de protéger l'unité de la nation, à un moment critique de son histoire. Il est temps d'aller de l'avant. Agathe n'a qu'un an, mais elle est déjà là, dans les bras de ses parents. Le président conclut son discours ainsi : « Il appartient aux générations prochaines de bâtir un monde où les Oradour ne seront plus possibles. »

Pour les survivants, les enjeux ont évolué. Il faut maintenant parler et parler encore pour qu'Oradour ne soit pas oublié.

Au village, Robert a à cœur d'éclairer les descendants des victimes sur leurs ancêtres. Avec André Désourteaux, ils mettent en commun leurs souvenirs, leurs photos, leurs archives. Tout cela sera publié dans un ouvrage intitulé *Notre village assassiné*[1].

Les années passant, le témoignage de Robert est de plus en plus sollicité. Et il met désormais un point d'honneur à donner satisfaction à toutes les demandes. Il se révèle être un orateur de talent. Le récit qu'il livre est, tout à la fois, concis, sensible et éloquent. Son histoire est empreinte d'une émotion particulière, de celles qui ne se jouent pas et dont il faut payer le prix. Si le déroulé ne varie pas, il choisit ses mots en fonction de son auditoire. On ne peut pas parler de la même manière selon qu'on s'adresse à un écolier ou à un historien. C'est sans doute aussi pour cela qu'il est fréquemment consulté lors de tournages de documentaires. Depuis la conférence de Nuremberg, il est également très souvent invité en Allemagne, où il n'hésite plus à se rendre et s'est fait de nombreux amis.

Outre-Rhin, il raconte son histoire devant parfois 300 ou 400 collégiens réunis pour l'occasion dans des amphithéâtres. Il est confronté à des jeunes qui, bien malgré eux, portent un poids immense sur leurs épaules. Celui des actes perpétrés par leur pays, parfois même par leurs propres ancêtres. Ils veulent apprendre et, eux aussi, comprendre. À la fin de ses interventions, des attroupements se forment autour de Robert. Certains élèves lui demandent timidement s'ils se doivent d'endosser la responsabilité de ce qu'ont commis les leurs, cinquante ans plus tôt. Alors il se fait rassurant. Aucun enfant, aucun petit-enfant de bourreau n'est responsable des actes de ses aïeuls.

1. *Oradour-sur-Glane, notre village assassiné,* André Désourteaux, Robert Hébras, éditions Chemins de la mémoire, 1998.

Lorsque Robert use du mot vengeance, c'est précisément pour définir ce sentiment vain qu'il a ressenti au lendemain du massacre. « Qu'est-ce que ça m'aurait apporté, de tuer un Allemand ? répète-t-il, en écho à sa prise de conscience au lendemain de la conférence de Nuremberg. Ça aurait été une famille endeuillée de plus. En France ou en Allemagne, le chagrin est le même. » Son message entre en résonance avec les mots de Denise Bardet, l'institutrice d'Oradour qui a péri dans le drame. « Il ne faut pas confondre la barbarie nazie et l'Allemagne […], distinguer l'Allemagne immortelle de ses maîtres d'un jour »[1], écrivait-elle dans ses cahiers, sans rien savoir du funeste destin qui l'attendait. Plusieurs décennies après avoir subi cette barbarie nazie, Robert tient un discours semblable. C'est ainsi que se construit sa résilience.

À la fin des années 1990, Robert est sollicité pour faire visiter Oradour aux groupes scolaires. Inlassablement, il raconte, jusqu'à trois fois dans une même journée. Il commence toujours la visite par le haut du village. Cela lui permet de passer devant la gare, où il retrouvait ses copains le soir, puis devant son école, où il montre la cloche qui est toujours à sa place. Viennent ensuite les vestiges de sa maison. Et puis, il avance vers les lieux où l'histoire, petit à petit, bascule.

Dans la bouche des enfants, il est des questions qui reviennent plus que d'autres. « Est-ce qu'on peut voir vos cicatrices, monsieur ? » demandent souvent les plus jeunes, aussitôt repris par leurs professeurs, gênés. « Il faut se mettre à leur place, dit

1. *Cahiers de jeunesse de Denise Bardet, institutrice à Oradour-sur-Glane le 10 juin 1994*, présentation de Jean Bardet, éditions Lucien Souny, 2002.

Robert. Ce n'est pas qu'ils doutent, mais les cicatrices, c'est parlant. »

L'un des plus grands défis reste de leur faire comprendre pourquoi personne, ou presque, n'a eu peur ce jour-là. Pourquoi personne ne s'est soulevé contre les soldats. Robert tente de replonger son public dans une époque où l'information ne circulait pas aussi vite qu'aujourd'hui, dans une France qui ignorait encore tout de l'horreur des camps de concentration. Dans un village qui ignorait même le massacre survenu la veille, dans la ville de Tulle, à seulement 100 km de là.

À l'arrière de l'église, certains collégiens s'étonnent. Ils ne pensaient pas que le vitrail éventré fût si haut. Comment la femme qui s'est échappée par là a-t-elle pu survivre à une telle chute ? Robert explique qu'à l'époque, une végétation abondante et broussailleuse s'élevait à mi-hauteur et avait amorti le choc. Aussitôt, pour les enfants, tout devient logique. C'est ainsi : il faut préciser, expliquer, pour lever les doutes auprès de certains visiteurs, tentés de croire une autre version de l'histoire, trouvée sur Internet. C'est dans ce genre de cas de figure, et seulement là, que Robert accepte de répondre aux théories révisionnistes.

L'émotion qui se dégage des lieux est forte, et il n'est pas rare que des collégiens se mettent à pleurer en écoutant son récit. Les comportements inappropriés sont rares. Robert se souvient seulement d'avoir eu affaire à un enfant de 12 ou 13 ans qui jouait les fortes têtes. La visite s'était déroulée dans les remontrances et les rappels à l'ordre. Quelques semaines plus tard, Robert recevra par la poste un mot d'excuses. Sur la page déchirée d'un cahier d'écolier, l'élève qu'il avait dû gendarmer avait tracé d'une écriture maladroite ces quelques mots : « Je n'ai jamais demandé pardon à personne mais à vous, je vous demande pardon. » Ce genre de rencontre lui fait prendre conscience que son discours peut porter, même chez ceux qui y semblent totalement imperméables. Alors, à la fin de chaque visite, il réitère cette mise en garde : « Soyez vigilants ! Ce qu'il s'est passé à Oradour peut se reproduire. »

Son travail de mémoire ne tarde pas à être reconnu et salué. Il est fait chevalier de la Légion d'honneur, reçoit le prix du Citoyen européen, les Palmes académiques, l'Ordre du Mérite en France et en Allemagne. Lorsqu'il est décoré de la croix d'officier de l'Ordre du Mérite de la République fédérale d'Allemagne, il ne cache pas son émotion. Quand le consul le compare à Nelson Mandela, Robert prend conscience qu'il n'est plus seulement « le survivant d'Oradour », cette étiquette qui lui colle à la peau et qu'il déteste, mais qu'il est également devenu un orfèvre de la paix. S'il les reçoit toujours un peu gêné, ces médailles et décorations ont un sens pour lui. Elles viennent conforter son œuvre de paix tout comme son travail pédagogique.

Mais les années passent, et Robert sent que les choses évoluent. La guerre s'éloigne, les ruines s'effondrent. Et si l'on connaît le drame d'Oradour, durant combien de temps encore en mesurera-t-on l'ampleur ?

*

Perrier-Bord, mars 2021

L'histoire de Richard Hébras est celle d'un homme né trop tard dans le projet de vie de ses parents et trop tôt pour la transmission mémorielle. Il reconnaît volontiers n'avoir pris conscience du destin hors du commun de son père que très tardivement. À Oradour, on a tendance à dire que, comme pour les rescapés de la Shoah, la transmission a sauté une génération. Celle des enfants, celle de Richard. Celui-ci ne garde d'ailleurs presque aucun souvenir de la fois où son père lui a fait visiter les ruines : il souffre de légères pertes de mémoire après un grave accident de moto qui l'a enfermé dans une chambre d'hôpital et cloué dans un fauteuil roulant pendant près de trois ans. En revanche, il se souvient bien d'avoir parcouru les rues d'Oradour avec sa fille, Agathe, alors même qu'elle n'était qu'une adolescente. Il avait été impressionné par la connaissance qu'elle avait déjà de l'histoire des lieux.

Robert, Richard et Agathe forment aujourd'hui ce qu'ils s'amusent à appeler le « clan » Hébras. Chaque semaine ou presque, ils se retrouvent, complices, à trois pour déjeuner ou partager un moment. Rien ou presque n'est décidé sans que l'un ou l'autre ne soit consulté. Les chamailleries vont bon train et l'on se demande lequel, autour de la table, peut bien être le plus « nâtre » – un adjectif pour désigner affectueusement une personne têtue, pénible mais que l'on apprécie, en patois limousin. Pas un jour sans que Richard et Agathe n'aient une nouvelle moto à se montrer sur leurs téléphones, un périple à deux-roues à évoquer, un souvenir de vacances à Saint-Palaissur-Mer, où ils partent ensemble régulièrement, aux premiers rayons de soleil.

Robert dit souvent regretter de ne pas avoir été plus démonstratif à l'égard de sa famille. De n'avoir pensé qu'au travail. Aujourd'hui, il a compris ce qu'il cherchait dans son labeur acharné : une façon d'oublier et de se relever du drame. Cela n'a pas fonctionné comme il l'entendait. Alors, avant de partir, il tient à corriger son erreur.

Agathe a joué un rôle central dans cette reconstruction filiale. Souvent, lorsque Richard appelait sa fille, il s'entendait répondre : « Je suis chez papi, tu n'as qu'à me rejoindre ! » Et c'est ainsi que les deux hommes se sont de nouveau régulièrement rencontrés, qu'ils sont parvenus à apaiser les blessures d'une transmission manquée.

Quand l'heure est à la peine, ces liens se font plus forts que jamais. Comme en ce jour de janvier 2019, lorsque Yvonne meurt à l'hôpital, et que Richard se tourne vers sa fille pour partager sa douleur. Quelques jours plus tard, au crématorium, tandis qu'écrasé par le chagrin il dit adieu à sa mère, c'est Robert qui le prend par les épaules. Frêle, âgé de 94 ans, il paraît tout petit aux côtés de son colosse de fils. Il l'étreint pourtant et lui murmure doucement à l'oreille : « Je suis là, moi. » C'est la première fois qu'Agathe, 25 ans à l'époque, est témoin d'un tel geste paternel.

On leur reconnaît bien des traits de caractère en commun, aux Hébras : la ténacité, la franchise et, surtout, une extrême sensibilité. Ce jour de mars, tandis qu'Agathe et Robert étaient filmés par une équipe de tournage, Richard est resté en retrait dans les ruines d'Oradour. C'est lui qui y avait conduit son père. Il l'a attendu discrètement, en discutant avec des visiteurs mais sans jamais se présenter comme le fils de Robert

Hébras. Devant la barrière de bois qui clôt la grange Laudy, il avait exprimé des réserves à ce que son père y retourne. « Vous imaginez la douleur de le faire rentrer à nouveau dans cette grange, soixante-seize ans après ? »

Richard n'a rien manqué de ces quatre heures dans les ruines. Alors qu'au loin on pouvait entendre les rires de Robert et d'Agathe, en pleine séance photo, sous le grand chêne du village martyr, ému, Richard avait les yeux qui brillaient. « Moi, ce n'est pas que je ne m'en sentais pas les épaules, mais bon… », dit-il dans un souffle. Le seul moment où il accepte de prendre un petit bout de lumière, c'est lors de la cérémonie du 10 juin, lorsqu'il est le porte-drapeau des anciens combattants. Une fonction dont il est fier. Les choses ont été différentes avec Agathe, mais Richard estime que ce n'est pas seulement une question de génération. Elle avait cette fibre-là, elle s'est investie pleinement et s'est fait sa place. C'est aussi ce qu'il admire chez sa fille.

15

Depuis son poste au Centre de la mémoire, Agathe observe son grand-père livrer son témoignage en boucle. Dans le hall sombre, un écran de télévision diffuse des extraits d'*Une vie avec Oradour*, documentaire dans lequel Robert, aux côtés de Marcel Darthout, retrace son histoire. En attendant le visiteur, qu'elle orientera soit vers l'une des expositions, soit vers l'entrée des ruines, Agathe contemple les images de son grand-père arpentant les rues du village martyr. Régulièrement, celui-ci vient la voir. Les yeux des touristes passent alors, incrédules, de l'homme sur l'écran à l'homme qui leur fait face. Robert et Agathe choisissent d'en sourire. Ils ont appris à vivre avec ces regards

Après quelques détours, la jeune étudiante en licence d'histoire est revenue à Oradour. Elle y travaille trois étés durant, un mois au Centre de la mémoire, un mois dans l'enceinte du village martyr. Dans les ruines, sa mission est double. Il s'agit de renseigner les visiteurs, mais également de surveiller le site, s'assurer qu'il n'y ait pas de dégradations, de comportements inappropriés. À force de les arpenter, les lieux lui deviennent encore plus familiers et elle finit par en connaître chaque recoin.

L'une de ses activités favorites est de sauter les barrières qui la séparent des endroits inaccessibles, l'âme des ruines, et d'aller voir ce qui s'y cache. Elle pénètre dans les maisons, examine les vestiges de carrelage et imagine la vie de ceux qui logeaient là. Souvent, elle reste postée, appuyée à la rambarde du café, sous le grand chêne de la Liberté, dans le virage près de l'église. De là, elle peut avoir une vue d'ensemble sur l'édifice et la rue principale. Peu à peu, grâce aux souvenirs que lui a transmis son aïeul, Oradour reprend vie dans son imaginaire.

Sans qu'elle ne puisse l'expliquer, Agathe se sent aimantée au bourg fantôme. Elle a la sensation que les âmes de ses ancêtres veillent sur elle. Elle pense souvent à sa grand-tante Denise, petite fille figée pour l'éternité à l'âge de 9 ans, et dont on lui a tant répété qu'elle en était le portrait craché. Curieusement, avec le temps, Oradour devient, pour elle, un refuge.

Elle nourrit aussi des ambitions quant à la préservation du village et de son histoire. Nombreux sont les visiteurs qui se rendent dans les ruines sans passer par l'exposition permanente du Centre de la mémoire. Ils se privent ainsi de clés historiques qui permettent de contextualiser le massacre. Et dans l'enceinte du village, on ne trouve que quelques plaques avec les noms des commerçants. À ses yeux, les explications manquent, tout comme manquent les moyens de toucher sa génération.

Son mémoire de Master 1 sera consacré aux enjeux de conservation du village d'Oradour, mais surtout de médiation et de transmission de la mémoire. Elle y souligne que le village martyr n'est plus seulement le lieu de pèlerinage qu'il a été jadis. Il faut désormais répondre à une forme de tourisme mémoriel. C'est alors qu'elle songe au développement d'une application mobile, destinée à orienter et renseigner les visiteurs à travers le site, martelant qu'il s'agit d'un excellent et indispensable outil pédagogique. Elle permettrait de ne pas défigurer et dégrader le village martyr avec l'installation d'une forêt de panneaux et de préserver le silence des lieux, tout en faisant en sorte que chacun retienne quelque chose de sa visite. L'application qu'elle imagine devra dire la vitalité qui était celle du bourg avant le drame. Puis raconter le 10 juin 1944 par ses lieux clés, en mettant en exergue les questions de conservation du site. Le tout, évidemment, accompagné de l'inestimable témoignage de survivants.

Agathe consacre d'interminables séances de travail à construire, en étroite collaboration avec Robert, la trame du récit, à choisir les images qui marqueront le plus la mémoire et la conscience des futurs utilisateurs. Son grand-père trouve l'idée formidable. Il faut mettre en place une médiation dans les ruines et il faut qu'elle soit en phase avec son époque. Il n'est pas peu fier de sa petite fille. Il avait besoin que quelqu'un, au sein de sa famille, prenne à bras-le-corps son œuvre de mémoire, et prépare « l'après ». Agathe est devenue, au fil des années, la passeuse de mémoire qu'il attendait.

16

Septembre 2013. Solennel, Robert, 88 ans, entre dans les ruines de la petite église d'Oradour. Au bourg, on dit souvent qu'en matière de foi, c'est tout l'un ou tout l'autre. Après le drame, certains se sont réfugiés dans la religion, tandis que d'autres n'ont plus jamais voulu mettre les pieds dans une église. Marguerite Rouffanche, catholique non pratiquante avant le drame, était devenue extrêmement pieuse après, considérant que Dieu l'avait sauvée. Robert a fait le chemin inverse. À ses yeux, s'il avait existé, Dieu n'aurait jamais accepté que les siens soient tués dans sa propre demeure. Pas une fois, en près de soixante-dix ans de commémorations, il n'est entré ici sans se figurer ce moment où les femmes et les enfants, poussés par les soldats SS, ont monté ces marches.

Ce 4 septembre 2013, François Hollande, alors président de la République, se tient à ses côtés. Robert le connaît bien. L'ex-maire de Tulle, ville également victime des exactions de la division Das Reich, a toujours entretenu des liens forts avec le village martyr. Il y a quelques années, lors d'un Salon du livre, François Hollande lui a offert son ouvrage avec cette dédicace : « À Robert, qui a échappé à l'enfer et témoigne sur terre pour conjurer les périls à venir. Dieu, s'il existe, attendra encore longtemps. Les présidents passent, et Robert reste. » Les deux hommes ne sont pas seuls. Ils sont accompagnés par Joachim Gauck, le président allemand. C'est la première fois qu'un si haut dignitaire allemand se rend à Oradour.

Robert guide les deux présidents et leur délivre le récit du 10 juin. Après les faits vient le recueillement. Tous les trois tournés vers le chœur de l'église, ils observent une minute de silence. Joachim Gauck passe son bras autour des épaules de Robert. François Hollande lui prend la main. Au moment de se retourner, saisi par l'émotion, Robert manque de trébucher sur les pavés irréguliers de la nef. Mais les deux présidents le tiennent fermement. Ils sortent de l'édifice tous les trois, en silence, sans se lâcher. L'image n'est pas sans rappeler celle de Helmut Kohl et de François Mitterrand, main dans la main à Verdun, presque trente ans auparavant.

Richard Hébras, en tant que porte-drapeau, est l'un des rares à être présent dans l'enceinte de l'église. Il assiste à la scène sans ciller, mais il n'en demeure pas moins profondément bouleversé. Au-dehors, Agathe regarde la scène, retransmise sur un écran géant. Elle se sent fière et heureuse, prend conscience qu'elle assiste à un moment historique. Ce qui fait vivre son grand-père depuis qu'elle le connaît prend corps dans cet instant précis.

La visite de Joachim Gauck était pourtant un moment redouté à Oradour, comme si l'on appréhendait de trop remuer le passé, au risque de raviver la blessure. Mais son discours va marquer l'Histoire : « Si je regarde aujourd'hui, ici à Oradour, dans les yeux de ceux qui portent l'empreinte de ce crime, je peux vous dire ceci : je partage votre amertume devant le fait que les assassins n'ont pas eu à rendre des comptes et que les crimes les plus graves sont restés impunis. Cette amertume, je la fais mienne. Je l'emporte avec moi en Allemagne, j'en parlerai et je ne resterai pas muet. »

C'est la première fois qu'un président allemand reconnaît la responsabilité de son pays dans le massacre. La réponse de François Hollande fait, quant à elle, parfaitement écho au combat de Robert. « Vous êtes la dignité de l'Allemagne d'aujourd'hui, capable de regarder en face la barbarie nazie d'hier. » Une page est tournée. Le soulagement est immense à Oradour, où l'on obtient, enfin, ce que l'on attendait : une reconnaissance indiscutable.

17

Chargée de mission pour la Fondation du patrimoine depuis 2018, Agathe s'épanouit dans son métier. Il consiste à accompagner des porteurs de projets, publics ou privés, dans la restauration et la valorisation de biens patrimoniaux, et à leur apporter un soutien technique et financier. Elle est particulièrement attachée à la conservation du patrimoine. Difficile de ne pas voir de lien avec Oradour. L'un ne va pas sans l'autre, car si on s'intéresse au village et à son histoire, on s'intéresse fatalement au devenir du site.

Dans *10 juin 1944, Oradour, Arrêt sur mémoire,* paru à la fin des années 1980, l'historienne américaine Sarah Farmer rapportait déjà les inquiétudes de Jean Creuzot, l'architecte en chef des monuments historiques au ministère des Beaux-arts. Ce fonctionnaire, qui s'occupa du classement d'Oradour au lendemain du drame, ne cachait pas sa préoccupation : « Est-il possible de maintenir cet état des choses ? L'action de la végétation envahissante est considérable dans le Limousin, les intempéries après un seul hiver peuvent faire des ravages considérables dans les ruines qui subsistent encore. »

Ces inquiétudes apparaissent cruellement actuelles. Près de quatre-vingts ans après le drame, le village martyr ressemble par endroits à un fragile château de cartes qui, un peu plus chaque année, s'écroule. On redoute les jours de gel et de pluie. Les murs, montés avec du tuf et un peu de chaux, ne résistent pas à l'œuvre du temps. Sur certains pans, on a placé des rangées de tuiles rouges pour limiter les infiltrations. Derrière des façades en péril, des étais de béton disgracieux ont été installés dans les années 1980. Un choix sur lequel on est vite revenu. Mais tout cela n'est que cautère sur jambe de bois et, inéluctablement, les vestiges de la vie d'autrefois se réduisent au fur et à mesure que les années passent. Afin de ne pas mettre les visiteurs en danger, il faut contourner les édifices qui menacent de tomber.

Sous une pluie fine, Agathe promène son regard expert sur les murs éventrés. « D'ici septembre, ce mur est par terre », soupire-t-elle, impuissante. Elle explique l'importance des enjeux de la conservation, si délicats à Oradour. « On ne reconstruit pas des ruines, ajoute-t-elle, ça n'aurait pas de sens. Chaque mur qui tombe, tombe pour de bon. Et c'est terrible. » Depuis plus de vingt ans qu'elle fréquente le site, elle peut en témoigner, Oradour disparaît lentement, en silence. Au bourg, tout le monde se souvient de la tempête de 1999 qui a fait tomber des briques du village par dizaines et failli mettre au sol son chêne emblématique. L'étage de la maison de Robert fait partie des pans de cette mémoire de pierre qui n'ont pas tenus, rendant la projection des visiteurs plus difficile. Quand il décrit sa mère qui en sort une assiette et un torchon à la main en entendant les SS investir les lieux, les visiteurs arrivent-ils à s'imaginer une maison avec ses fenêtres, son toit, sa porte ?

Un peu plus loin, près de la grange Laudy, les étables et clapiers où Robert et les quatre autres survivants se sont sommairement cachés montrent à quel point leur survie a tenu à un fil. Mais ils s'écroulent eux aussi, faisant craindre à Agathe que l'histoire ne perde de son sens aux yeux des jeunes visiteurs. « Lorsque nous n'aurons plus que des murettes de 30 centimètres, nous ne pourrons plus faire passer le message avec autant de force, le village ne sera plus qu'un plan en relief », déplore-t-elle.

De retour dans la grange, la jeune femme pointe du doigt cet évier qui ne tient à rien, suspendu dans le vide à l'étage de la maison à côté. Dans une voiture éventrée d'un garage de la rue principale, elle indique une bougie encore logée dans le moteur. Comme les anecdotes que son grand-père égrène aux visiteurs, ce sont ces objets qui rapprochent le visiteur des habitants d'Oradour. Qui font prendre conscience que, derrière ces ruines, ce sont des centaines de vies qui ont été fauchées. C'est en les découvrant qu'elle s'est elle-même approprié Oradour au fil des années.

Malgré l'inexorable, il faut à ses yeux trouver un avenir à ce témoignage du passé. Faire en sorte que les ruines continuent de « parler » aux visiteurs, sans pour autant les transformer, figées en décor de cinéma. Car ce qu'il s'y est joué le 10 juin 1944 n'est pas factice. Et si on a conservé Oradour en l'état, c'est justement pour témoigner de cette réalité.

Agathe sait la charge que l'entretien des ruines représente pour l'État. Mais elle aimerait, sans parler de restauration complète ou de reconstruction, que l'on mette sur la table l'idée d'un appel au mécénat populaire, une grande opération, majeure, afin de maintenir les lieux dans le meilleur état de conservation possible. Elle ne peut pas imaginer qu'Oradour puisse un jour disparaître. Elle le voit comme un bastion contre l'oubli, contre le négationnisme.

Elle reste persuadée qu'une médiation forte doit être mise en place. À son grand regret, son projet d'application mobile n'a pas vu le jour en 2017, mais les autorités compétentes travaillent à un nouveau projet. Agathe, elle, ne désespère pas de faire bouger les lignes autrement.

À son âge, Robert témoignait dans une salle du tribunal militaire de Bordeaux, avec, au creux du ventre, un espoir de justice bien vite déçu. Ce qu'il ne trouva pas dans ce procès, c'est par son œuvre de mémoire et sa résonance extraordinaire qu'il finira par l'obtenir. C'est aussi pour cela qu'Agathe veut perpétuer ce que son grand-père a entamé. Ce travail de transmission se fait au long cours. « Il ne s'agit pas de témoigner une fois de temps en temps, mais de s'y consacrer pleinement », lui a un jour dit Robert, comme pour la mettre en garde. Agathe en accepte la responsabilité.

Épilogue

10 juin 2021, Oradour-sur-Glane

Depuis la terrasse du café Milord, Agathe observe l'église du nouvel Oradour. Il n'est pas encore 8 h 30, mais la petite ville est déjà en pleine effervescence. Des hommes en costume entrent et sortent de l'édifice religieux qui va bientôt accueillir les fidèles. Ils seront nombreux, ce jour-là, à venir assister à la messe consacrée à la mémoire des victimes du 10 juin 1944.

Le nouveau bourg a aujourd'hui près de soixante-dix ans. Les maisons neuves de 1953 commencent à se patiner. Le garage ouvert par Robert existe toujours. Le petit-fils du pâtissier Compain, lui-même pâtissier, a récemment pris sa retraite sans que son échoppe ne soit reprise. De nouveaux lotissements sont sortis de terre et l'on continue à construire. La proximité avec Saint-Junien, Limoges et la présence de nombreux services et commerces n'y est pas pour rien. Selon la DRAC, la surface bâtie du nouveau village a été multipliée par quatre depuis son inauguration. Si bien que les habitants issus de familles anciennes, déjà présentes au moment du drame, ne constituent plus que 20 % de la population actuelle d'Oradour. Les autres n'ont pas de lien direct avec cette histoire tragique.

Quoi qu'il en soit, Oradour compte aujourd'hui 2 500 habitants contre 1 600 avant le massacre, et ce n'est pas anodin. « Tant qu'il y a de la vie ici, on pourra dire que les nazis ont échoué », martèle Benoît Sadry.

Agathe discute avec des connaissances du village. Pendant des années, il se disait à Oradour qu'on ne devait surtout pas rire trop fort si près des morts. Les 10 juin sont désormais des moments de retrouvailles et d'échanges, tout autant que de recueillement.

Après avoir fini son café, elle part rejoindre Robert dans son nouveau logement. Il s'agit d'une petite maison de plain-pied, dans laquelle son grand-père vient d'emménager. Elle est située en plein cœur du nouveau bourg et est nettement moins isolée que son ancienne demeure de Perrier-Bord. Ce retour à Oradour est pour lui une manière de « boucler la boucle » selon ses mots. Si le mobilier est neuf, il se trouve toujours, çà et là, des objets familiers qu'il a emportés avec lui. Sur une table basse, une miniature de la Berliner Fernesehturm, souvenir d'un voyage en Allemagne. Accrochée au mur, au-dessus de son lit, une photo en noir et blanc du village martyr. Sur sa table de nuit, le cadre appartenant à son père, qui renferme les photos de sa mère et ses sœurs. Et, juste en dessous, son « coffre-fort », une mallette qui contient, aux côtés de quelques-unes de ses médailles, de sa carte de résistant et du portefeuille de son père, une longue mèche de cheveux d'Agathe. Robert la garde précieusement depuis la première coupe de la petite-fille, en 1997, et confie son souhait de partir avec le jour où la mort aura décidé de venir le chercher.

Richard arrive chez son père, une housse de pressing sous le bras. Cette année encore, il sera l'un des porte-drapeaux de la cérémonie qui ne va pas tarder à commencer. Tout le monde se prépare. Sourire en coin, Agathe montre à son père l'élégante robe bleu marine, « de petite fille parfaite », qu'elle a prévu de porter.

En tenue, les Hébras repartent en direction de la rue principale du nouveau bourg. Alors que Robert s'engouffre dans l'église pour assister à la messe en hommage aux victimes, Agathe reste en retrait sur la place, considérant qu'elle doit laisser les places assises à l'intérieur aux plus âgés. Un journaliste de télé locale se présente bientôt à elle. « Bonjour, votre grand-père m'envoie vers vous… » Elle sourit, comme s'il s'agissait là d'un nouveau tour que venait de lui jouer Robert. Puis elle se prête de bonne grâce au jeu médiatique, parce qu'elle sait combien il est essentiel à l'œuvre de mémoire.

Cette année, pour la première fois, sous l'œil bienveillant de son grand-père, elle répondra elle aussi aux interviews. Concentrée mais avenante, elle sait trouver les mots justes. Sans buter, elle insiste sur le caractère choisi de sa mission et sur le fait que son grand-père ne lui ait rien imposé. C'est bien plutôt Oradour qui s'est imposé à elle.

Après la messe, le cortège s'ébranle en direction du village martyr. Une gerbe de fleurs est déposée dans l'ancienne église, puis sur le champ de foire, Robert invite la foule à observer une minute de silence. Enfin, la délégation rallie le tombeau des martyrs. Des associations, des représentants de villes amies et de l'État se succèdent durant plus d'une heure, sous un soleil de plomb, afin de saluer la mémoire des disparus.

Une fois la cérémonie terminée, les Hébras quittent lentement le village. Robert, qui fêtera ses 96 ans dans quelques jours, est fatigué. Chaque 10 juin reste un moment éprouvant pour lui. Mais le travail de sa petite-fille a des vertus apaisantes. « J'ai fait ma part, répète-t-il. En somme, je prends ma retraite ! »

Le soir même, en voyant Agathe apparaître au JT de France 3 Limousin, Robert prend des airs de cabotin fier de son coup, mais aussi, et surtout, de grand-père fier de sa descendance. La fille qu'il a tant désiré avoir, il dit sans détour la trouver en Agathe. Celui qui, au cours de sa vie, a eu tant de mal à se montrer démonstratif ne veut pas partir sans lui montrer qu'il l'aime.

Sans plus de cérémonie, il a décidé qu'il était temps pour lui de passer le flambeau à Agathe. Elle s'en est saisie confiante, sans se poser plus de questions. Elle est désormais une gardienne de la mémoire, sur qui Oradour est tombé « comme on tombe amoureux ».

Remerciements

Je tiens à remercier tous ceux qui m'ont aidée à écrire ce livre, et tout particulièrement la famille Hébras, qui m'a accueillie comme une des leurs et qui a porté ce projet à mes côtés. C'est de cette rencontre extraordinaire qu'il est né.

Merci en premier lieu à Agathe, passionnante gardienne de la mémoire qui a démontré un soutien et un investissement sans failles tout au long de ces mois d'écriture, de réécriture, de doutes. Merci à Robert, qui s'est longuement replongé dans ses souvenirs pour répondre à toutes mes questions, parfois jusqu'à des heures indues, toujours avec bienveillance et patience. Merci à Richard pour son témoignage, sa gentillesse et son humour (et les paquets de madeleines Bijou).

Je remercie également chaleureusement Mathieu Johann, le premier à avoir rêvé ce livre en parcourant *Ouest-France,* Benoît Sadry, sans qui il n'aurait jamais vu le jour, ainsi que Thomas Bronnec et François-Xavier Lefranc qui m'ont envoyée pour la première fois sur les chemins d'Oradour-sur-Glane.

Merci à Michèle, Claude, Yveline et Thibaut pour leur témoignage, à Bernadette Malinvaud et Vincent Brousse pour leur éclairage sur l'historiographie d'Oradour-sur-Glane et la transmission de la mémoire, à Philippe Lacroix et toute la communauté d'Oradour, à Christophe Paul (notamment pour m'avoir permis de sillonner les petites routes du Limousin à vélo), à mes collègues d'*Ouest-France* pour leurs conseils avisés, à Dalila Lounici pour son amitié et son soutien, à Emmanuelle Bucco-Cancès, Caroline Lamoulie, Hélène Vaveau-Schmitt et toute l'équipe de HarperCollins pour leur accompagnement, aux équipes de la BNF, de l'Inathèque et de la BPI du Centre

Pompidou qui m'ont aidée à dénicher des pépites dans leurs fonds, ainsi qu'au Centre de la mémoire d'Oradour-sur-Glane.

Enfin, et surtout, un immense merci à ma famille, et tout particulièrement à ma mère, qui sait mieux que quiconque tout ce qu'elle m'apporte.

Mélissa Boufigi

J'aimerais en tout premier lieu remercier le destin, celui qui nous a mis sur la route de Mélissa. Une rencontre fortuite, qui permet aujourd'hui d'exprimer deux histoires qui ne font qu'une. Celle d'un grand père, celle d'une petite-fille. Merci pour ta patience et ta bienveillance. Pour les moments interminables passés à nous écouter, papi, papa et moi. Tu t'es immergée dans notre vie, alors nous avons décidé que tu en ferais partie. Merci de nous avoir permis de nous dire tant de choses et d'en écrire certaines.

Je remercie mon père et mon grand-père, les deux premiers hommes de ma vie, irremplaçables. Je les remercie pour l'amour inconditionnel que nous nous portons. Pour leur confiance, pour la fierté que je vois briller dans leurs yeux quand ils me regardent, pour tout ce qu'ils m'apportent chaque jour.

Je remercie Benoît Sadry, sans qui ce projet n'aurait pas vu le jour, s'il n'en avait pas soufflé l'idée. Pour son amitié fidèle, pour son aide précieuse, ses connaissances et son expertise. Pour les heures passées à la relecture afin que la vérité historique soit toujours respectée. Parce que nous sommes des petits-enfants d'Oradour et que nous comprenons ce lien inexplicable qui nous unit aussi à ceux qui sont partis.

Je remercie ma mère, mon frère, ma grand-cousine, qui ont accepté de dire qui nous étions et de livrer une partie de notre intimité familiale.

Un grand merci à mes plus proches amis, qui m'ont écouté parler de ce projet des heures durant. Merci à mon conjoint, qui accepte le sacrifice de moments à deux, pour me partager très souvent avec Oradour.

Je remercie les équipes de la Fondation du patrimoine en Limousin, en particulier ma collègue Jade et mon délégué régional Alain Soularue, pour leur soutien et leurs encouragements. Merci de supporter ma « double vie » patrimoniale.

Je remercie Mathieu Johann d'avoir été touché par notre histoire, par notre famille et d'avoir cru en ce projet. Merci pour ta sensibilité.

Agathe Hébras

Sources et bibliographie

Ce livre est un récit de vie. Il a été réalisé à partir d'entretiens avec Robert Hébras et Agathe Hébras, ainsi qu'une partie de leurs proches, entre septembre 2020 et décembre 2021. Le récit du 10 juin 1944 est celui vécu par Robert, étayé par des sources complémentaires, notamment le témoignage de Marguerite Rouffanche, tel qu'elle l'a rapporté au procès de Bordeaux et à la presse avant son décès, pour les faits s'étant déroulés dans l'église. Les récits du procès de Bordeaux, ainsi que celui de Heinz Barth, ont été écrits à partir de mes entretiens avec Robert Hébras et de la presse de l'époque.

Bibliographie

Dominique Danthieux et Philippe Grandcoing, *Oradour après Oradour, conserver – reconstruire – commémorer*, éditions Culture & Patrimoine en Limousin, 2015.

André Désourteaux, Robert Hébras, *Oradour-sur-Glane, notre village assassiné*, éditions CMD, 1998.

Sarah Farmer, *10 juin 1944, Oradour, Arrêt sur mémoire*, Perrin, 2007.

Max Hastings, *La Division Das Reich*, Tallandier, 2014.

Robert Hébras, *Oradour-sur-Glane, le drame heure par heure*, les productions du Pertuis, 2007.

Robert Hébras avec Laurent Borderie, *Avant que ma voix ne s'éteigne*, Elytel Éditions, 2014.

Guillaume Javerliat, *Bordeaux, 1953 : le deuxième drame d'Oradour*, Presses universitaires de Limoges, 2009.

Guy Pauchou, Pierre Masfrand, *Oradour-sur-Glane, vision d'épouvante*, ouvrage officiel du Comité du souvenir et de l'Association nationale des familles des martyrs d'Oradour-sur-Glane, 1945.

Jean-Marc Théolleyre, *Procès d'après-guerre, Le Monde*, 1991.

Filmographie

Marc Dessouter, Laurent Ramamonjiarisoa, *Oradour, les voix intérieures*, France Télévisions, 2009.
Michel Follin, Marc Wilmart, *Oradour, des voix de la douleur / Aujourd'hui la mémoire*, INA éditions, 1988.
Patrick Séraudie, Pascal Plas, *Une vie avec Oradour*, Pyramide production, France Télévisions, Centre de la mémoire, 2011.

Documents

Archives radiophoniques de *Paris vous parle*, Ina, 1953, Inathèque – Archives des journaux *L'Aurore, Le Monde, Libération, Le Figaro, L'Humanité, Le Populaire du Centre, Ouest-France, Sud-Ouest, Le Centre républicain, La République nouvelle, Le Parisien, Paris Match*, 1953, 1983, 2013, BNF, BPI – Ressources documentaires du Centre de la mémoire d'Oradour-sur-Glane, des archives départementales de la Haute-Vienne et de la Vienne – Archives municipales et Ressources documentaires de la ville de Saint-Nazaire – Cartes et photos aériennes de l'IGN – Unicaen – La grande bibliothèque du droit, Barreau de Paris – Ressources documentaires de la République française, Vie-publique.fr. – Bundespraesident.de.

Composé et édité par HarperCollins France

Achevé d'imprimer en France par CPI
en février 2023

Dépôt légal : juin 2022
N° d'impression : 174118

Pour limiter l'empreinte environnementale de ses livres, HarperCollins France s'engage à n'utiliser que du papier fabriqué à partir de bois provenant de forêts gérées durablement et de manière responsable.